김치도 꽁치도 아닌 정치

김치도 꽁치도 아닌 정치

임정은 지음

다른

너의 세상은 뭐야

내게 얘기해 줘

너의 신념은 뭐야

내게 대답해 줘

- 모리슨 호텔 2집 앨범 中 〈너의 신념은 뭐야〉

주인공 소개

" 캬,
정치가 19금이냐?
우리도 해 보자,
그까이꺼. "

장현서
피우리중학교 3학년.
인문 동아리 〈문사철인〉 회원.
일선의 베스트 프렌드.
끼 많고 흥이 넘치는 아이.
친구 따라 강남 간다는데
강남은커녕 일선이 따라
범생이들의 아지트,
문사철인에 들어와 버렸다….

**"우리 생각을
어른들에게 맡겨 놓을 순
없어요!"**

차일선
피우리중학교 3학년.
인문 동아리 〈문사철인〉 학년부장.
겉모습은 대범하고 의젓한
완벽한 모범생이지만
사실은 부끄럼도 많이 타고
남의 말 한마디에 바들바들 떨고
쉽게 상처받는
가녀린 영혼의 소유자.

차례

앙케트

설문 조사, 혹은 앙케트(enquête).

국어사전에서는 '설문(設問)'을 이렇게 정의한다. "조사를 하거나 통계 자료 따위를 얻기 위하여 어떤 주제에 대해 문제를 내어 물음. 또는 그 문제."

일선과 문사철인 아이들이 오늘부터 2주일 동안 할 일이 바로 이것이다. 묻는 것, 생판 모르는 사람들에게 무엇인가를 묻는 것.

낯선 사람들에게 질문하는 것은 보통 일이 아니다. 하지만 그보다 더 큰 문제는 그 '무엇'인가가 정치라는 것. 묻는 사람조차 너무 낯설고, 감이 안 오는 어떤 것.

정치, 이런 된장 같으니라고. 김치, 꽁치, 염치도 아니고… 어쩌다가 정치를….

개뿔

어쩌다가 문사철인, 아, 그러니까 피우리중학교 인문 동아리 '문사철인'이 시민들의 정치의식을 조사하러 길거리로 나서게 되었느냐 하면….

어쩌다 그렇게 되었는지는 문사철인 아이들도 앞뒤를 똑똑히 기억하지 못한다. 격년으로 돌아오는 학교 동아리 축제가 올해 열리고, 그 축제에서 문사철인은 무엇을 할 것이냐를 정하다가 '정치'를 주제로 잡았다. 거기까지는 얼추 기억을 공유할 수 있다. 하지만 누가, 어떻게, 그리고 당최 왜 그것이 '정치'여야 했는지에 대한 이유는 의식 저편에 흐릿하게 있다.

학년부장인 일선은 사실 어떤 것이 주제로 잡혀도 즐겁게 매달렸을, 어떤 것이든 공부하고 배우기를 즐기는 매우 희귀하고 변태스러운 캐릭이기에 그렇다 치자. 우리끼리 이야기지만 일선은 비밀 일기장에 이렇게 쓰기도 하는 아이다.

"난 사회 과학이 체질인가 봐. 겁나 재미있다, 이런 공부는. 단,
시험은 사양."

　반면 정치는 입 냄새 심한 나이 먹은 사람들의 입담거리이며,
텔레비전에서 그쪽 이야기가 나오는가 싶으면 반사적으로 채널
을 돌려 버리는 현서에겐 매우 곤혹스러운 일이었다.

　"정치는 개뿔…. 중학생인 우리가 정치에 대해 뭘 어쩌라고."

할당량

차일선. 피우리중학교 3학년이자 '문사철인' 학년부장. 일선은 종례가 끝나자마자 옆 반 현서와 함께 부리나케 동아리실로 달려갔다. 그리고 오늘 거리 설문 조사를 함께 나갈 동아리 친구들과 후배들에게 주의할 점을 말했다. 한 사람당 적어도 스무 명에게 설문 조사를 하라고 큰소리를 쳤지만, 정작 일선은 그걸 해낼 자신이 없다. 그래도 아무 가게나 쳐들어가서 설문을 하리라 다짐한다. 그것도 안 되면 길을 지나가는 아무나라도 붙잡고 설문 조사를 해야지. 부끄럼 많고 소심한 일선에게는 결코 쉽지 않은 일이다. 그러나 학년부장으로서 자기 몫은 해야 한다고 생각한다. 이것이 흔히 말하는 책임감인감?

후배들에게도 몇 번이나 당부했지만 성의 없는 설문지 열 장보다는 정성스럽고 꼼꼼히 응해 준 설문지 한 장이 더 값지다. 미니 인터뷰를 한다는 생각으로 차근차근 질문을 던지고 상대방의 대답을 주의 깊게 들으리라. 그 대답을 녹음하면 좋겠지만 그러려면 일단 상대방의 동의를 얻어야 한다. 녹음을 한다고 하면 상대는 설문을 시작도 하기 전에 부담을 느낄 수 있으니까 아쉬운 대로 설문 대상자의 대답을 꼼꼼히 메모하기로 했다.

우선 일선은 현서와 함께 지하철역 주변과 온누리고등학교 주변 주택가를 돌기로 했다. 2학년은 공원 주변을 중심으로 구역을 나눴다. 1학년은 전통 시장이 있는 사거리에서 설문을 할 것이다.

'이런…. 완전 얼었나 봐. 나 떨고 있니? 그나저나 하늘이 흐리다. 비가 안 오면 좋겠다.'

철인3종

현서는 일선과 함께 지하철역 화장실에서 교복을 벗고 사복으로 갈아입었다. 현서는 내키지 않는 일을 앞두고 입이 툭 튀어나왔다.

'이 바쁜 세상에 설문이라니, 그것도 정치의식을 묻는 질문이라니…. 그냥 헐.'

일선은 재게 부지런히 걷건만 현서는 느릿느릿 터덜터덜 힘 빠진 개처럼 걷는다. 얼마나 하기 싫은지 처음에는 "아이고, 아이고." 하다가 결국 "어유…." 하고 긴 한숨을 내뱉었다.

현서의 머릿속에 기나긴 불만이 늘어진다.

'설문을 하면 응답자한테 하다못해 볼펜 한 자루라도 나눠 줘야 하는 거 아니야? 이건 뭐 맨입으로 날로 먹자는 거잖아. 나 같아도 귀찮다고 그냥 내뺄 거야. 아, 이런 재미없는 일을 하느니 차라리 지하철 입구나 길에서 전단지 나눠 주는 알바를 하겠다.

쳇! 나는 왜 문사철인에 들어왔을까? 공부도 잘 못하면서 왜 이런 모범생 동아리에 들어온 걸까? 폼 잡고 생각 있는 척하는 아이들 속에서 뭘 하는 거지? 일선이는 이런 동아리가 정말 재미있는 걸까?

내 친구라서 하는 말이 아니고, 정말 이런 학년부장이 어디 있어. 축제 준비부터 학기 중 프로젝트까지 투덜대는 법 없이 다 하고, 후배들 관리는 또 얼마나 확실히 하느냐고. 잘해 줄 때는 잘해 주고, 단단히 가르쳐야 할 부분은 따끔하게 일러 주고. 또 졸업한 선배들에게 전부 연락해서 축제에 초대하고, 의견도 구하고. 캬, 친구인 내가 봐도 저런 거는 존경스러워. 책임감 하나는 끝내준다니까.

에휴, 친구 따라 강남 간다는데 나는 강남은커녕 문사철인에 들어왔네. 아무리 친구가 좋다고 해도 문사철인은 내가 놀 물이 아니야. 끼 많고 흥이 넘치는 내가 있을 곳은 여기가 아니지. 쳇, 난 연극 동아리나 밴드부에서 날개를 훨훨 펼쳐야 하는데.

문학? 역사? 철학? 3년째 동아리 활동을 하지만 문학도 몰라, 역사도 몰라, 철학은 더 몰라. 처음 동아리 이름을 들었을 때 '철인3종' 비슷한 스포츠 동아리인 줄 알았다고.

휴, 정치의식이라니…. 난 정치 몰라요. 그런 거 모른다고요. 이딴 설문지, 나도 재미없어요.

날도 더운데 입술은 왜 이리 거칠어. 립글로스를 좀 더 발라야겠어.'

하수구 뚜껑

수업을 마치고 교무실에 앉아 있는 피우리중학교 사회 선생님 김민경. 민경이 지도하는 문사철인 아이들은 지금쯤 학교 밖에서 설문 조사를 하고 있을 것이다. 그런데 날씨가 걸린다. 오후 2시인데도 하늘이 어둑어둑하다. 날이 맑으면 좋을 텐데…. 비가 오면 어쩌지? 설문지도 비에 젖을 테고, 사람들도 응답하는 걸 귀찮아할 거다.

설문지를 몇 장이나 받아올 수 있을까? 아니 과연 한 장이라도 제대로 내밀 수 있을까 싶다. 민경은 물가에 아이를 내놓은 엄마 마음이 이런 건가 한다.

사소한 걱정은 그냥 버리기로 한다. 그게 정신 건강에도 좋아. 교과서에 나오는 지식과 정보를 외우는 것만이 공부가 아니니까. 몸으로 부딪치면서 깨닫는 것도 중요한 공부니까. 낯선 사람들에게 말을 걸고, 응답을 받아 내는 게 어디 쉬울까. 게다가 정치가 무엇이라고 생각하느냐는 진지한 질문지를 들고 나가는데 오죽하겠나. 하지만 아이들은 분명 그 속에서 배운다. 느낄 거다.

"정치는 거창한 게 아니야. 권위를 가진 특정 계층만의 주제도 아니고, 그래서도 안 되고. 하지만 문제는 모두가 정치를 어렵게 생각한다는 거지."

문사철인 아이들을 독려하면서 말하기도 했다.

"그러니까 너희부터 '정치'를 느껴 봐. 사람들에게도 일깨워 주고."

아마 아이들은 사람들이 정치에 얼마나 관심이 없는지를 깨달을 거다. 사람들에게 정치가 얼마나 외면당하는지, 사람들이 정치가를 얼마나 혐오하는지 알게 될 거다.

누군가의 말처럼 "하수구 뚜껑 하나 정치 아닌 것이 없"는데도 사람들은 그것을 깨닫지 못한 채 산다는 걸 목격할 거다. 그것이 배추 값이든 세금이든 1천 원, 1만 원을 더 내고 덜 내고에는 민감하게 반응하면서, 우리의 자유를 옥죄고 감시하는 권력의 선전에 얼마나 쉽게 길들여지는지 알려고도 하지 않는 어른들을 겪을 거다.

- 2013년, 한 진보 정당 기관지에 실린 말이다. 우리 생활의 모든 영역이 정치고, 내가 관심을 가지고 참여한다면 어떤 것이든 더 낫게 바꿀 수 있다는 뜻을 담고 있다.

설문지

안녕하세요. 저희는 피우리중학교 인문 동아리 '문사철인'이에용.
문사철인은 인문학, 즉 문학·역사·철학을 사랑하는 사람들(人)을
뜻한답니당. 저희는 다음 달 동아리 축제에 '정치, 너 뭥미?' 부스를
만들 거예요. 이를 위해 시민들이 정치를 어떻게 생각하는지, 정치에
어떤 기대를 하는지 조사 중입니다. 바쁘신 가운데 시간을 내주시면
무덤에서도 은혜 잊지 않겠슴당~~!

1   정치는 [   ] 이다.
    [   ] 에 어떤 말을 넣고 싶으세요?

2   귀하가 1과 같이 생각한 까닭은 무엇입니까?

3   귀하의 생활 속에서 '정치적'이라고 생각되는 활동은 어떤 것이
    있나요?

(예: 선거, 투표, 정치인 욕하기, 온라인에서 정치적 의사 표현하기,
김치 담그기, 쓰레기 분리수거하기, 아이돌 팬클럽 가입,
집 앞 눈 치우기, 신문 읽기, 정당 가입 등)

4 귀하는 우리나라 정치의 가장 큰 문제점이 뭐라고
  생각하십니까?

5 우리나라 정치 발전을 위해 이것만은 꼭 바뀌어야 한다면
  어떤 것이 있을까요?

6 귀하는 자신이 정치에 '참여'하고 있다고 생각하십니까?

7 정치인, 즉 정치를 직업으로 하는 사람은 어떤 사람이어야
  할까요?

8 귀하의 생활 속에서 '이것은 정치 탓이야.'라고 느끼는 때가
  있습니까?

9 '올바른 정치'가 세상을 더 낫게 만들 수 있을까요?

10 끝으로 설문을 마친 소감 부탁드립니다.
  문사철인에게 응원 한 말씀 해 주셔도 좋고요. ^_^

  *긴 설문 답해 주셔서 다시 한번 ㄱㅅㄱㅅ

필요 유무

일선은 지하철역 입구에서 설문지를 들고 어정쩡하게 서 있다. 부끄러워서 누구에게도 다가가지 못하고 완전 얼었다. 현서는 일선을 도울 생각도 없이 상가 계단에 쪼그려 앉아서 그냥 쳐다보기만 했다. 그렇게 시간을 허비하다가 마침내 일선이 큰 숨을 들이쉬고 뒷모습이 푸근한 중년 여성에게 말을 걸었다.

"저… 저기요."

일선이 목소리를 쥐어짰지만, 입 밖으로 나온 건 앵앵거리는 모기 소리 같았다.

'어, 아주머니가 그냥 지나가시네. 안 돼. 이분을 놓치면 안 된다고.'

"저, 아주머니…."

일선은 다급한 마음에 아주머니 팔을 툭 쳤다. 차마 붙잡을 수는 없어서 건드리기만 한다는 게 힘 조절이 잘 안 된 것이다.

아주머니는 고개를 휙 돌려서 일선을 쳐다봤다. 그런데 그 표정이 마치 일선이 핸드백을 날치기하려는 강도라도 되는 것 같았다. 당황스러움, 아니 그보다 불쾌함이 드러나는 저 동그란 눈….

"뭐야? 왜 그러니?"

깜짝 놀란 눈동자에 비하면 목소리는 그나마 친절하게 느껴졌다. 일선이 비리비리한 중학생 여자애라는 것을 확인하고 마음이 조금 누그러졌나 보다. 일선은 이때다 싶어서 얼른 설문지를 내밀었다.

"저, 이것 좀…. 저희가 지금 설문 조사를 하는 중인데요…."

아주머니는 일선의 손에 들려 있는 종이 뭉치를 흘낏 보더니 빛보다 빠른 속도로 고개를 돌리며 말했다.

"필요 없다."

그러고는 가던 길로 직진하셨다.

쿠궁….

일선의 무릎이 반으로 접히듯 딱 꺾였다.

'필, 요, 없, 다굽쇼?'

철판

현서는 강펀치를 맞은 듯 넋이 나간 일선을 부축해서 자기가 앉아 있던 자리에 앉혔다.

"저 아주머니는 우리가 광고지를 나눠 주는 줄 알고 그런 거야. 왜, 여기서 맨날 헬스클럽 광고지 뿌리잖아. 그런 건 줄 알았을 거야. 너무 상처받지 마."

현서가 위로하는데도 일선은 줄곧, "필요가 없대. 필요가 없다…. 내가 뭐 자기를 해롭게 했나." 하며 혼잣말로 구시렁구시렁하고 있다. 일선이 멘붕에 빠진 것이다.

"얘가, 얘가…."

그거 한 번 거절당했다고 이렇게 멘붕 상태가 되다니…. 현서는 기가 찼다.

'완전 소심이구만. 하기는 일선이가 무지 강한 척 행동하지만 정말 정말 소심한 성격이라는 거, 난 안다. 다른 친구들은 모범생스러운 일선의 모습만 보지만 같은 어린이집에서 기저귀 차고 놀던 때부터 알고 지낸 내 눈은 못 속이지. 저 애는 대범하고, 의젓한 중학생 역할을 연기하는 것뿐이다. 일선이 속에는 무지무지 부끄럼을 타고 남의 말 한마디에 바들바들 떨고 쉽게 상처받는 가녀린 영혼이 들어 있다. 어쩜 겉과 속이 이렇게 다른지. 가엾은 것. A형도 아닌데 왜 그럴까. O형도 극소심한 성격이 있는 모양이네.'

"괜찮아, 너?"

현서는 일선의 낯빛이 아직도 해쓱한 것을 보고 이러다 정말 쓰러지는 게 아닌지 걱정했다.

'아, 이제는 내가 나설 차례인가? 일선아, 정말 이 언니가 꼭 이런 일까지 나서야겠니. 온실 속 꽃 같은 일선아, 때로는 얼굴에 이게 필요하단다. 철판, 아니면 철가면?'

질문하면 잡아먹니?

현서는 일선이 끌어안고 있던 설문지를 넘겨받더니 상가 앞쪽으로 성큼성큼 걸어갔다. 그곳에서는 할아버지 대여섯 분이 자판기 앞 따뜻한 양지에서 장기도 두고 훈수도 두고 있었다.

할아버지들께 다가간 현서는 쑥스러운 기색도 없었다. 할아버지들과 웃으며 이야기도 했다. 그런 친구를 바라보며 일선은 생각했다.

'왜 나는 저렇게 못하는 거야. 왜? 왜? 왜?'

할아버지들은 따뜻한 볕을 쬐며 종이컵에 소주를 나누고 있어서 빈손이 없었다. 그래서 현서는 할아버지 옆에 찰싹 붙어 질문을 읽어 드리고, 답변을 대신 받아 적었다. 그 모습을 지켜보던 일선은 왠지 눈시울이 뜨거워졌다.

'으악, 정현서 칙오! 진심, 사랑한다. 칭구!'

절절한 고마움이 끓어올랐다.

현서는 한자리에서 설문지를 다섯 장이나 받았다. 한 꼬장꼬장한 할아버지만 끝까지 눈썹에 힘을 주고 입도 뻥끗 안 하셔서 그분은 패스!

설문을 끝내고 돌아온 현서에게 일선이 호들갑을 떨며 칭찬을 했다.

"역시 넌 나의 베-프. 나도 할 수 있을 것 같아. 네가 함께라면 말이야. 히히. 으… 느끼느끼."

현서는 쑥스러웠지만 아닌 척하며 말했다.

"얘는, 그거 물어보고 답 좀 듣는 게 그렇게 어렵니? 말하는 데 뭐 입이 닳아? 할아버지들이 일이 없어 심심해 보이는데 못 할 건 또 뭐야. 부탁하면 다 해 주는 거지."

말을 끝낸 현서는 어깨를 으쓱했다. 현서에겐 아무것도 아닌 일인데 범생이 일선도 못하는 게 있다니 그게 더 신기했다.

"어유, 마지막에 설문해 준 할아버지, 입 냄새 짱! 그런데 말씀은 되게 많아. 냄새 심해서 토할 뻔했다고. 우웩!"

설문 1

정치는 나라를 지키는 것 이다

기초노령연금 수급자 박대수 (70세)

1 정치는 ☐ 이다.

☐ 에 어떤 말을 넣고 싶으세요?

정치는 곧 나랏일 이야.

나라를 잘 지키는 게 곧 정치지.

2 귀하가 1과 같이 생각한 까닭은 무엇입니까?

나라님이 하는 게 정치인데 나라가 없으면 무슨 정치가

되겠어. 일단 나라가 있어야 정치를 하는 거지. 젊은 사람들은

전쟁도 안 겪고, 나라 잃은 설움도 모르잖아.

3 귀하의 생활 속에서 '정치적'이라고 생각되는 활동은 어떤 것이

있나요?

나? 투표는 꼭 하지. 저번에도 지방 선거할 때 내가 새벽부터 줄 서 가지고 우리 동네 투표소, 저기 주민센터인가 거기에서 1등으로 맨 먼저 찍고 왔지. 그럼, 투표는 꼭 해야지.

4 귀하는 우리나라 정치의 가장 큰 문제점이 뭐라고 생각하십니까?

젊은 사람들은 먹고사느라고 제대로 관심도 없고, 알려고도 안 하고. 그게 안타까워.

5 우리나라 정치 발전을 위해 이것만은 꼭 바뀌어야 한다면 어떤 것이 있을까요?

전쟁이 안 나게 해야지. 국가 안보를 제일로 해야 돼. 빨갱이들이 밀고 내려오면 어쩔 거냐고. 연평도고 백령도고 계속 저짝 것들이 포 쏴 대고…. 휴… 큰일이여. 그리고 또 중요한 게 있어. 정치인들이 죄다 자기 뱃속 욕심만 채우려고 하고, 그게 문제야.

6 귀하는 자신이 정치에 '참여'하고 있다고 생각하십니까?

나야 열심히 참여하고 있지. 뉴스도 열심히 보고 말이야. 친구들 만나면 정치 이야기도 열심히 하지.

7 정치인, 즉 정치를 직업으로 하는 사람은 어떤 사람이어야

할까요?

자기 주머니만 채우는 놈들 말고 진정으로다가 국민을 위할 줄
아는 사람을 세워야겄지.

8 귀하의 생활 속에서 '이것은 정치 탓이야.'라고 느끼는 때가
   있습니까?

   이북에다 이거니 저거니 퍼다 주기만 하고! 그럴 돈 있으면
   국민들부터 살리라고.

9 '올바른 정치'가 세상을 더 낫게 만들 수 있을까요?

   썩 나은 사람이 나온다면 그렇게 되겄지.

10 끝으로 설문을 마친 소감 부탁드립니다.
   문사철인들에게 응원 한 말씀 주셔도 좋고요. ^*^

   학생들이 참 용하네. 공부들 열심히 허고. 부모님 말씀 잘 듣고.
   내가 어려서 그렇게 부모님 속을 썩이고 했던 게 가슴이 아퍼.
   죽을 때가 다 되어서 그런지 그렇게 후회가 돼. 여기서 만날
   만나는 친구가 하나 있어. 그런데 그 사람 아들이 그렇다는 거여.
   그 양반이 나랑 고향이 같어. 알고 보니 같드라고. 처음엔 몰랐지.
   서울에 올라온 게 73년이야. 그때 서울이 어땠냐면....

여기서는 '북한'을 가리키는 말로 쓰였다. '빨갱이'는 러시아 단어인 '파르티잔 (partizan)', 우리 발음으로 '빨치산'을 어원으로 한다. 일제 강점기에는 일본에 저항하는 유격대를 뜻했고, 한국 전쟁 때는 게릴라전을 펼친 북한군을 가리켰다. '빨갛다'와 발음이 비슷해서 자연스럽게 빨간색이 떠오르고, 피· 붉은 깃발 등도 연상된다.

그러나 오늘날 한국에서 빨갱이는 그 이상의 의미를 담는다. 빨갱이라는 말은 '불온 세력', '반역자'라는 낙인이다. 한국 전쟁 당시에 숱한 사람들이 빨갱이로 몰려 죽임을 당했고, 민주화된 오늘날까지도 빨갱이 딱지가 붙어서 삶을 짓밟힌 사람이 한둘이 아니다. 국가 보안법도 대표적인 '빨갱이 딱지 붙이기 법' 중 하나다. 빨갱이는 한국 사회의 광적인 이데올로기 마녀사냥을 보여 준다. 더 이상 쓰면 안 될 말이다.

쫄았냐? 쫄지 마!

현서가 입을 뗀 뒤, 일선도 이에 힘을 받아 몇 사람에게 설문 조사를 하는 데 성공했다. 버스 정류장에서 버스를 기다리던 두 사람에게도 설문을 했고, 상가 1층에 커다랗게 자리한 ○○은행에서도 대여섯 사람에게 설문 조사를 했다. 번호표를 들고 무료하게 자기 차례를 기다리던 아주머니들이 기꺼이 응답해 준 것이다.

사실 이곳에 있으면 몇십 명에게라도 설문 조사를 할 수 있을 것 같았다. 은행 안은 춥지도 덥지도 않고 쾌적했으며, 의자도 편안했다. 하지만 아까부터 청원 경찰 아저씨가 이쪽을 계속 쳐다봤다. 일선과 현서가 해로운 짓을 하는 게 아니라는 걸 알 텐데도 계속 언짢은 표정이다.

'저 아저씨는 원래 얼굴이 저런 걸까? 아니면 우리한테 화가 나 있는 걸까?'

어쩌면 청원 경찰 아저씨에게 설문 조사를 한다고 미리 말을 했어야 하는 건지도 모른다. 은행 안에서 여러 사람에게 설문을 하려면 미리 책임자에게 허가를 받아야 하는 걸 수도 있으니까 말이다. 하지만 그렇다고 해도 저렇게 눈에서 광선이 나올 것처럼 째려볼 건 없는 일. 일선은 왠지 기분이 샐쭉해져서 현서를 데리고 은행을 나왔다. 그리고 그 길로 계속 터덜터덜 시장 쪽으로 걸어 내려갔다. 금세 전통 시장 사거리까지 왔다. 오가는 사람은 많았지만 신호등이 바뀌기를 기다리는 사람들은 모두 조급해 보였다.

멀리 문사철인 후배들이 보였다. 붙임성 있는 재경이 바퀴 달린 장바구니를 끌고 가는 아주머니 곁에 딱 붙어서 열심히 설문을 하고 있다. 서연은 재경 옆에서 말을 거들고 있고, 수현은 누구에게 다가갈지 살피는 것 같다.

"와우, 쟤들 제법 잘하는데? 첫 번째 사람한테 거절당하고 바짝 쫄아 붙은 어떤 선배님이랑은 다르네."

현서가 일선의 어깨를 툭 치며 킥킥거린다. 일선은 아무 말도 하지 못했다. 사거리는 후배들에게 맡기기로 하고 다시 방향을 틀어 골목 안쪽으로 들어갔다.

일선이나 현서나 피우리 마을에서 나고 자랐으니 이 마을이 고향인 셈이다. 15년을 살았지만 이쪽 골목은 아직 낯설다. 평소에 잘 다니던 길이 아니기 때문이다. 전에 친구들이 싸고 맛있는 분식집이 있다고 해서 한 번 오고, 엄마랑 시장에 갈 때 몇 번 따라온 게 전부다. 이 골목은 몹시 좁아서 차가 한 대 지나려면 차든 사람이든 서로 조심조심 피해야 한다.

치킨집, 미용실, 생선구이집, 순댓국집…. 은근히 음식점이 많다. 저녁이 되어야 장사를 시작하려는지 아직 문을 열지 않은 가게가 대부분이었다. 그때 전봇대 옆 노란 차양이 두드러진 카페가 눈에 띄었다. 커피콩당? 퐁당이 아니고 콩당? 커피가 콩당콩당 뛴다는 건가? 저기 한번 들어가서 설문을 해 볼까?

노란 차양

피우리 마을 151-10번지 1층. 전봇대가 우뚝 서 있는 길 모퉁이에 작은 카페가 있다. 출입문 위로 손글씨 느낌의 간판이 하나 길게 붙어 있다. '커피콩당'. '콩'과 '당' 사이가 붙어 있는 것 같기도 하고 떨어져 있는 것 같기도 하다. 애초에 카페 주인은 '커피콩' 하고 한숨을 고른 다음 '당'을 발음하기를 원한 게 아닐까 싶다.

사실 '커피당'이라는 말이 실제로 있다. 미국 대통령 선거에서 비롯되어 우리나라에도 생긴 '커피당'은 유권자들의 모임이다. '커피당'이 커피와 당(黨)의 합성어라면, 커피콩당은 커피콩과 당을 합친 말이다. 그러나 손님들은 그냥 편한 대로 '커피'를 떼고 '콩당'이라 읽는다. 그런데 그게 그럴 듯도 한 것이, '콩당'이라는 글자가 하늘색 페인트로 써 있어서 물방울이 '퐁당' 하고 떨어지는 소리가 연상되었다.

커피가 퐁당! 향이 짙은 검은 액체.

날이 궂어서 그런가? 노란 차양이 오늘따라 우중충해 보인다.

● 2010년 미국 대통령 선거 기간에 한 유권자가 제안한 모임. 유권자의 권리를 각
  성하고 이를 통해 풀뿌리 민주주의를 단단히 하여 민주주의의 진정한 가치를 실
  현하자는 운동이다.
  '커피 파티(coffee party)'는 가볍게 커피를 마시며 정치 이야기를 하자는 뜻도
  있지만 파티(party)는 '정당(政堂)'이라는 뜻도 있다.
  같은 해 우리나라에서도 6·2 지방 선거를 앞두고 커피당 모임이 활발하게 열렸
  고, 이후 마포를 비롯한 여러 지역에서 다양한 파티가 생기고 있다. 정치를 어렵고
  엄숙하게 생각하지 않고, 즐겁고 발랄하게 만들 수 있다는 생각의 전환이 아주 반
  갑다.

사면초가

'커피콩당'의 주인장 정영신은 카페 바로 옆 세탁소 계단 턱에 털썩 앉았다. 세탁소는 한 달 전쯤 가게를 빼서 다른 데로 이사를 했다. 비어 있는 가게지만 영신이 늘 청소를 하기 때문에 지저분하지 않고 깔끔하다.

영신은 지금 몹시 담배를 피우고 싶다. 전두엽 앞쪽, 그러니까 전전두엽 부위가 활성화되며 '어서 담배를 피워! 담장 뒤에 가서 몰래 담배를 피워!'라는 신호가 사이렌처럼 울렸다. 흡연 욕구가 점점 커질수록 이에 비례해서 다리를 더 빨리, 더 격렬하게 떨었다. 하지만 당장 수중에 담배도 없었다. 그리고 커피집 주인이 담배라니, 안 될 말이었다. 월드바리스타 대회 출전을 꿈꾸는 바리스타로서 파나 마늘, 강한 향신료나 향수를 멀리하여 절대 후각과 절대 미각을 단련해도 부족할 판에 담배라니…. 그런데 우리를 괴롭히는 것은 늘 그런 말도 안 되는 것들이니까.

영신 씨 머릿속에는 당장 편의점으로 달려가 담배 한 갑을 사서 1층과 2층 계단 사이에 있는 여성용 화장실 칸에 들어가 담배 연기를 깊이 빨아들이는 자신의 모습이 생생하게 펼쳐졌다. 허나 그것은 상상으로만 그칠 일이었다. 아무리 가까운 곳이라도 가게를 열어 둔 채 다녀올 수는 없다. 오늘 오전에도 경찰관이 카페에 들러 인근에 좀도둑 피해가 많으니 조심하라고 귀띔해 주지 않았나.

영신은 손님이 없는 한가한 시간이라도 몸을 잠시도 쉬지 않았다. 일이 없으면 일을 만들어서라도 하는 타입이었다. 주변 가게 상인들도 영신의 싹싹함과 바지런함은 익히 알고 있었다. 틈만 나면 가게 안팎을 빛이 나게 쓸고 닦아서 골목길에도 굴러다니는 먼지 한 톨 없이 하니 모를 턱이 있나. 그런데 오늘 영신은 왠지 그럴 마음이 나지 않았다. 오늘따라 몸이 축축 처지고 가라앉았다.

우중충하던 하늘에 구름이 걷히더니 높고 푸른 하늘이 나타났다. 날씨가 급하게 변해서 그런가. 생리 주기에 따라 호르몬이 출렁거려서 그런가. 그것도 아니면 카드 대금 청구일이 다가와서 그런가. 아무튼 온종일 가게에 매여 바람 한 번 쐬러 가지도 못하는 신세가 새삼스러웠다. 손님도 없다. 돈도 없다. 애인도 없다. 없는 것투성이다. 가진 건 오직 빚뿐. 어유…. 자신도 모르게 한숨이 푹 나왔다.

가게를 연 지 8개월째다. 아침 10시에 가게 문을 열고 저녁 9시까지 꼬박 11시간을 카페에 매달렸다. 직장인처럼 토요 휴무, 일요 휴무도 없다. 토요일도 일하고, 일요일도 일한다. 장사가 좀 되면 알바생을 쓸 수 있을 거라고 생각했지만 사정은 그렇게 나아지지 않았다. 가게를 연 뒤로 가족 행사에도 못 나가고 명절에도 집에 못 내려갔다. 친구들도 못 보고 살았다.

실은 그게 문제가 아니다. 지난달에 집주인이 찾아왔다. 한 달 내에 가게를 비우란다. 상가를 부수고 새 건물을 짓겠단다.

이 무슨 마른하늘에 날벼락인가.

이게 사는 건가.

비주류

요즘 들어 민경은 눈이 침침해서 스마트폰을 보는 게 불편해졌다. 그래서 스마트폰을 코에 바짝 대고 둘째 손가락으로 화면을 톡톡 쳤다. 일선에게 메시지를 보내는 중이다.

'잘하고 있니? 날이 궂은데 고생 많다. 문사철인 파이팅!'

다른 아이들은 사회 과목을 어려워하지만 일선은 사회가 제일 재미있는 눈치다.

"저는 그 어떤 쌤보다… 사회 쌤이 제일 좋아요."

스승의 날 일선은 민경에게 직접 만든 카드를 내밀며 말했다. 일선에게 김민경 선생님은 이모 같기도 하고 친언니 같기도 하고 때로는 엄마 같기도 하다. (엄마치고는 몹시 젊다고 해야겠지만.) 일선이 문사철인에 들어온 이유는 자신이 좋아하는 김민경 선생님이 담당 지도 선생님이라는 게 가장 컸다. 문학·사회·철학이라는 인문학에 어렴풋이 이끌리기도 했지만 담당 지도 선생님이 보기만 해도 어깨가 쪼그라들 것 같은 담임 선생님이라든가 학생부장 선생님이었다면? 글쎄, 그랬다면 굳이 동아리에 가입할 생각까지는 안 했을 거다.

어쩌다 보니 일선은 올해 학년부장까지 맡았다. 어깨가 무거울 것이다. 축제를 치를 생각을 하면 더더욱 그렇겠지. 일선은 민경 선생님을 실망시키고 싶지 않아 했고, 민경은 그런 일선의 마음을 잘 안다.

정치의식 설문 조사를 내보낸 민경은 아이들에게 미안해하는 중이다. 사람들을 대면하는 조사는 결코 쉽지 않다. 응답률도 적고, 밀도 있는 조사가 이루어지기도 힘들다. 그걸 알면서도 설문 조사를 감행했다. 설령 입도 떼지 못하고 설문지 한 장 받아 오지 못한다고 해도 분명 아이들에게 도움이 될 거다. 민경은 책상에 앉아서 책만 보는 게 공부가 아님을 잘 안다. 사람들과 소통하고, 노력하고, 시도해 보는 것이 지식을 외우는 것보다 백 배, 천 배? 아니 비교할 수 없을 만큼 더 중요하다. 사람들은 배움이라는 걸 정보와 지식을 습득하는 것이 전부인 것처럼 오해한다. 하지만 민경의 생각은 다르다. 배움은 직접 몸으로 깨우칠 때, 자기 스스로 깨우칠 때 의미가 있다. 책으로 백날 아는 것은 머리로 아는 것에 그친다. 허영심만 만족시키는 가짜 지식으로 머물기 쉽다. 하지만 행동하고, 움직이고, 찾아다니고, 사람들을 만나는 과정을 거치며 배운 것은 진짜 내 것이 된다.

시민들, 그러니까 평범한 사람들의 정치의식을 묻는 이번 설문 조사도 그래서 기획한 거다. 3학년 사회과에 정치 단원이 있는데, 그 단원은 너무 딱딱하다. 재미없다. 정치는 살아 있고, 우리 모두와 관계된 것이며, 시민으로서 반드시 알아야 할 지식이기도 하다. 하지만 교과서 속 정치는 관념어, 추상어에 갇혀 있다. 진짜 정치는 우리의 생활, 모든 곳에 있는데….

민경 선생님이 정치의식 설문 조사를 통해 아이들에게 진짜 알려 주고 싶은 것은 오직 한 가지였다. 고립된 인간이 아닌 한, 어린아이조차 정치와 무관하지 않다는 것. 정치학자 한나 아렌트는 말했다. 정치는 홀로 살 수 없는, 무리지어 살아야 하는 인간의 숙명이라고. 그러니 청소년도 응당 정치에 관심을 가지고 정치의 관점으로 세상을 볼 수 있다는 것을 느끼게 해 주고 싶었다.

민경은 학년부장 일선이 문사철인 활동에 의욕을 보여 무척 고마웠다. 학교 성적이나 시험에 직접 보탬이 되지 않는 일로는 아이들을 움직이기 힘들기 때문이다. 그렇다고 아이들이 시험과 공부에 진심으로 마음을 다한다는 뜻도 아니다. 그들의 부모들처럼 눈에 보이는 즉각적인 평가와 결과에만 집착한다는 뜻이다.

지금 대한민국에서 배우는 것을 진심으로 즐거워하는 아이는 멸종된 듯하다. 그나마 피우리중학교는 학부모와 학생들, 그리고 동네 분위기가 매우 열려 있는 편이다. 맑은 공기와 자연 덕분일까? 아무튼 이런 피우리중학교에서 일선처럼 눈을 반짝이는 아이가 문사철인 활동에 에너지를 쏟으니 교사로서 정말 신이 날 수밖에.

일선은 작년까지만 해도 말수가 적고 눈에 잘 띄지 않는 아이였다. 그런데 학년부장이 되고 나서 조금 달라진 것 같다. 그렇다고 크게 나서거나 목소리가 커진 것은 아니다. 어디가 달라졌냐고 묻는다면, 글쎄…. 눈빛? 그래, 눈빛이 달라졌다. 학교에서 이렇게 반짝이고 의욕에 찬 눈을 가진 아이는 흔하지 않다.

'선생으로서 나도 저런 열의에 찬 눈빛을 하고 있을까? 썩은 동태 눈깔이 아니고?'

민경은 종종 자신에게 묻는다. 굳어 버린 학교를, 상상력이 메마른 공무원 조직 같은 학교를 바꾸기 위해서 얼마나 많은 교사들이 싸우고 노력했던가? 그렇게 열정적이고 존경스러웠던 선배 교사들은 지금 어디에 있나? 학교를 떠난 걸까? 아니, 이젠 민경 자신이 그 선배들의 모습이 되어야 맞는 거겠지. 매너리즘에 빠지지 않고 게으르게 사고하지 않으려고 노력한다. 그럼에도 불구하고 하루하루를 버티고만 있는 것 같다.

청소년? 청소녀?

일선과 현서는 유리문을 밀고 카페로 들어섰다. 고소한 탄내가
가게 안에 가득했다. 두 사람은 이것이 로스팅 기계로 커피콩을
볶을 때 나는 냄새라는 건 몰랐다. 하지만 냄새와 함께 기분 좋고
훈훈한 기운이 몸속으로 들어오는 것을 느꼈다.

"어서 오세요. 청소년 손님들이네요. 아, 청소녀 손님인가? 아
무튼 반가워요."

카운터 뒤 주방에서 사장님 목소리가 들렸다. 잠시 후 로스팅
기계 앞에 있다가 몸을 돌려 인사하는 모습이 보였다.

일선은 사장님이 자신과 현서를 '청소년'이라고 부른 것에 조
금 놀랐다. '학생'이라거나 '애들'이라고 부르는 소리는 많이 들
었다. 하지만 '청소년'이라는 말은 책에서나 보았지 직접 듣는 건
처음이었다.

"예에… 저… 저희는… 중학생인데요. 부탁드릴 게 있어서요.

저희 동아리에서 정치의식 설문 조사를 하고 있거든요. 안 바쁘시면 시간 좀 내주실래요?"

일선은 공손하게 말을 건넸다.

현서는 일선이 하는 말을 들으며 '얘가 또 심하게 저자세네. 아유, 맘에 안 들어.' 했다.

커피콩당 사장님은 반가워하며 무엇을 조사하는지, 또 자신이 어떻게 도우면 되는지를 자세히 물었다.

"설문 조사라니, 재미있는 일을 하네요. 오늘까지 다 마쳐야 하는 거예요? 안 그러면 설문지 두고 가요. 우리 가게에 오는 손님들에게 부탁해서 받아 줄게요."

"와, 정말요? 고맙습니다."

골치 아픈 설문지를 떠넘길 수 있다는 생각에 현서가 손뼉을 치며 좋아했다.

"고맙습니다!"

일선도 허리를 푹 꺾어 절을 했다.

"참, 혹시 저녁에도 시간 돼요? 우리 가게에 종종 무지개당 당원 분들이 오시거든요. 여기서 정기 모임을 할 때도 있고요. 정치 이야기라면 정당 당원들에게 들어 보는 것도 좋을 텐데. 제가 한번…."

"네, 그런데 사장님도 저희 설문에 답해 주실 수 있으세요?"

일선은 사장님의 말을 자르고 물었다. 사람을 정성스럽게 대하는 이 사람이라면 좀 더 진지하게 답변을 들을 수 있겠다는 생각이 들었다. 설문지를 많이 받는 것도 좋지만 단 한 명이라도 자신들이 하는 일의 가치를 아는 사람을 만나고 싶었기 때문이다. 모처럼 좋은 기회였다. 놓치고 싶지 않았다.

일선과 눈이 마주친 사장님은 이내 입꼬리를 당겨 시원스런 웃음을 보였다.

"그럼요. 마침 손님도 없네요."

살짝 긴장했던 일선의 등이 쭉 펴졌다. 현서는 일선 옆으로 바짝 다가서더니 옷소매를 잡아당기며 속삭였다.

"여기 오래 있을 거야? 그럼 나 음료수 사 줘."

설문 2

정치는 ⬚ …? ⬚ 이다

커피콩당 주인 정영신 (39세)

학생들이 멋지네요. 정치라…. 쉽지 않겠지만, 흥미롭네요.

어디 중학교 다녀요? 어, 피우리중학교. 알아요.

자몽에이드? 그리고 학생은 오렌지주스 시켰죠?

아, 저도 앉을게요. 우리 서로 자기소개부터 할까요? 나는 정영신이에요. 여기 커피콩당 주인이고요.

일선? 현서? 반가워요. 일선 님, 현서 님.

어, 잠깐만요. 낑낑이 왔다!

저 강아지 이름이 '낑낑이'예요. 낑낑이 간식 좀 주고 와서 인터뷰할게요.

북어채를 좋아해요. 강아지들이 아주 좋아하는 간식이래요. 낑

껑이 주려고 사다 놓았어요. 저기 사거리 너머 한참 올라가면 주유소 있죠? 그 근처 유리 가게에서 기르는 개라고 하더라고요. 손님들이 알려 줬어요. 주인이 먹이를 안 챙겨 주나 봐요.

얼마 전에 새끼를 낳았어요. 뱃가죽이 등에 딱 붙었지요. 안됐어요. 주인이 통 보살피지를 않아요. 그러니까 애가 먹이를 찾아서 온 동네를 혼자 돌아다녀요. 횡단보도 신호등도 알아서 건너고요. 주인이 불임 수술을 안 해 주니까 새끼를 낳고, 또 갖고, 또 낳고⋯. 안타까워요.

유기견이나 다름없어요. 매일 굶는 것 같아요. 몸도 약하고, 하도 낑낑거려서 내가 낑낑이라고 이름 붙여 줬어요. 한 번 챙겨 주니까 가끔 우리 가게에 들러서 쉬다 가요.

고양이 손님도 있어요. 이 골목에 길고양이가 살거든요. 고양이 손님 밥그릇 보이죠? 참, 틈날 때 구청에 전화한다는 게 깜박했네. 중성화 수술이라고 들어 봤어요? 동물들에겐 미안하지만 인간 중심 사회에서 인간과 동물이 함께 살려면 그게 최선인 것 같아요.

미안. 카페를 하고 난 뒤로 제가 어수선해요. 한 번에 여러 사람 주문을 받고, 음료를 만들고, 계산도 하고, 인사하고⋯. 정신이 없죠. 그래도 이제 조금 적응이 된 것 같아요. 근데 한자리에서 진득하게 무얼 하는 것, 이젠 그걸 못 할 것 같아요.

지금은 손님이 없어서 괜찮은데 손님들이 들이닥치면 인터뷰가 중간중간 끊어질 거예요. 괜찮죠? 응. 응.

첫 번째 질문이 뭐죠? 아, 정치는 네모다.

그렇죠. 하…. 쉽고도 어렵네요. 정치…. 정치라….

학생 때는 정치가 밥보다 더 가까웠어요. 데모도 열심히 하고
운동*도 열심히 했으니까요. 이데올로기니, 노선이니, 분파니….
노동, 계급, 무슨 무슨 주의…. 진짜로 밥 먹고 데모하고, 토론하
고…. 맨날 그런 이야기만 했어요. (웃음) 그것도 정말 먼 이야기
가 되었네요. 벌써 20년 가까이 지난 이야기라니…. 그때는 정치
가 머릿속에 있는 거였어요. 어떤 이상적인 것, 관념적인 것이요.
음…. 철학과 가깝다고 해야 하나? 이 세상의 질서, 어떻게 세상

중성화 수술은 강아지나 고양이가 임신을 하지 못하도록 생식 기능을 제거하는
수술이다. 반려 동물을 기르는 사람이라면 잘 알겠지만 동물들은 발정기가 되면
난폭해지고 자꾸 울어 댄다. 임신과 출산이 반복되면 한 가정에서 여러 마리를
기를 수 없는 문제도 생긴다. 그렇기 때문에 중성화 수술이 필요하다. 이 수술에
대해 반대하는 목소리도 있다. 하지만 현실적으로 인간의 주거지에서 반려 동물
과 함께 살려면 중성화 수술이 필요하다.
길거리에서 사는 주인 없는 유기 동물을 어떻게 할 것인가도 큰 숙제다. 한때는
행정 기관에서 이 동물들을 붙잡아 안락사시키기도 했다. 그러나 지금은 동물 생
명권에 대한 인식이 높아지고, 동물 보호법 같은 법률도 마련되어 'TNR' 방식으
로 유기 동물을 관리한다. TNR(포획Trap, 중성화 수술Neuter, 방사Return)
은 일단 붙잡아 중성화 수술을 시키고 다시 거리에 풀어 주는 것이다. 커피콩당
정영신 사장님이 구청에 전화한다는 것은 이렇게 TNR을 신청한다는 의미다.

이때의 운동은 우리가 흔히 아는 체육 활동이나 스포츠가 아니고 '사회 운동', '학
생 운동' 할 때의 그 운동이다. 현재의 사회 구조나 법을 바꾸기 위해 집단적으로
하는 활동을 말한다.

이 움직이고 그 움직임의 원동력이 무엇이냐, 대다수 민중을 착취하는 그런 힘을 어떻게 바꿀 것인가? 민중이 지배당하지 않고 주인이 되고 평등하면서 자유롭게 살려면 어떻게 해야 하는가? 그런 고민들이었지요. 20대의 저한테 여러분이 똑같은 질문을 했다면 아마 그렇게 대답했을 거예요. 그런데… 지금의 나는… 뭐라고 해야 하나? 다르게 답을 할 것 같아요.

정치는 철학이고, 원칙이지요. 하지만 지금 나에게 정치는 그것보다 더 현실적이고 구체적이고 급박한 무언가입니다. 내가 살면서 몸으로 부딪치고 깨닫고 절감하는 것들이 진짜 정치에 가까운 것 같아요. 하다못해 나와 관련된 조례나 법률 조항 같은 것들이 더 중요하게 느껴져요. 직접적이고 시급한 어떤 것들 때문에 당장 내가 죽기도 하고 살기도 하니까요.

정말 우리 같은 사람들, 정치에 대해 할 말이 많아요. 우리? 우리가 누구냐고요? 하루 벌어 하루 먹고사는 영세한 상인들이요. '영세'가 무슨 뜻이냐면, 그러니까 가난한 상인들이요.

예를 들어 '상가임대차보호법'이라는 법이 있어요. 상가를 임대, 즉 빌려 주고 빌리는 것에 관한 법이에요. 상가 건물을 가지고 빌려 주는 사람을 임대인, 비용을 내고 빌리는 사람을 임차인이라고 하죠. 장사하는 사람은 거의 대부분 임차인이겠지요? 자기 건물이나 사무실을 가질 만큼 여유 있는 사람은 별로 없으니까요. 우리나라에 이렇게 임차인이면서 장사로 먹고사는 사람이 얼마나 되는 줄 아세요? 한 700만 명쯤 된대요. 우리나라에 자영

업자가 이렇게 많아요. 밖에 다녀 보세요. 음식점, 치킨집 엄청 많지요? 사회적으로 충분한 일자리가 없기 때문에 서민들이 돈을 벌려면 자연스럽게 장사를 생각해요. 그나마 여유가 있으면 건물을 빌려서 장사를 하고 그마저도 없으면 리어카를 밀고 나와 붕어빵이라도 팔아야 하죠. 그야말로 장사가 생계인 사람들이에요. 상가임대차보호법의 원래 취지는 이런 상인들을 보호해 주는 거예요. 최소 5년은 한자리에서 장사를 할 수 있게 되어 있어요.

그런데 이 법에 허점이 있어요. 우리 가게가 바로 그 구덩이에 빠지게 생겼고요. 제가 '커피콩당' 문을 연 게 8개월 전이에요. 이전 직장을 그만두고 받은 퇴직금이랑 있는 돈을 다 털어서 카페를 열었죠. 빚도 얻었어요. 카페는 인테리어 비용이 많이 들어요. 그리고 우리 카페는 원두를 직접 볶아서 커피를 내리는 로스터리 카페라 설비비도 많이 들고요. 있는 돈 없는 돈 다 끌어다가 가게를 열었어요. 그런데 한 달 전쯤 갑자기 집주인이 오더니 가게를 비우래요. 나가래요. 이 건물을 허물고 여기에 새 건물을 지을 거래요. 이게 말이 돼요? 문 연 지 8개월밖에 안 됐다고요. 그런데 나가라니요?

상가임대차보호법이요? 법으로 5년을 보장받을 수 있지 않느냐고요? 이 법 제10조 7항에 5년 보장을 받을 수 없는 예외 조항이 있어요. 그게 재건축이에요. 임대인이 재건축을 한다고 하면 임차인은 무조건 쫓겨나요. 갑자기 재건축을 한다고 쫓아내는 무시무시하고 폭력적인 조항이 '보호법'이라는 법 안에 '예외'라며 떡하니 들어가 있어요. 이게 무슨 법이에요, 밥이에요? 전 계약할 때 재건축 이야기는 듣지도 못했어요. 아니, 건물을 곧 부술 건데 그걸 알고 장사하러 들어오는 사람이 어디 있겠어요? 난 사기를 당한 거예요. 그런데도 집주인은 이게 합법적인 거래요.

여기서 나가면 고스란히 다 빚이 돼요. 여기 있는 것 중에 로스터리 기계랑 테이블, 의자? 이런 것만 빼면 다 버리는 거예요. 나는 무슨 돈으로 새로 가게를 차려요? 이건 그냥 길바닥에서 죽으라는 말이나 같아요. 난 이제 죽는 거예요.

눈물과 공감

영신이 고개를 숙이면 눈물이 뚝뚝 떨어졌다

'어, 이 언니 운다….'

현서와 일선은 몹시 당황했다. 카페 사장님 눈이 벌게졌다. 가게 사정을 이야기하면서 사장님의 감정이 점점 격해지는 건 알았지만 이렇게 눈물까지 보일 줄은 몰랐다. 가게에서 쫓겨나게 된 사정은 이해했지만 처음 보는 사람 앞에서, 그것도 한참 어린 중학생들 앞에서 울 줄은 몰랐다.

'어, 언니… 이모? 사장님? 아무튼…. 우리는 아무것도 해 드릴게 없는데요.'

영신이 억지로 눈물을 참고 있다는 것 또한 여실히 느껴졌다. 그 모습이 너무 간절해서 '청소녀' 두 사람은 더 어쩔 줄을 몰랐다. 자신들이 카페에서 나가라고 한 상가 주인이 된 것 같은 미안함마저 느꼈다. 가시방석에 앉은 것 같았다.

뻘쭘해진 현서가 빈 음료수 잔 바닥을 빨대로 슥슥 훑었다. 요상한 삐익삑 소리가 조용한 카페에 울렸다.

'정치가 뭐냐고 물었는데 우는 사람이 있다니…. 이건 뭐지?'

일선은 웃기면서도 이상하고 가슴이 아픈, 아주 복잡한 감정을 느꼈다.

현서는 그냥 빨리 여기에서 나가고 싶을 뿐이다. 현서도 자주 운다. 동생이랑 싸울 때도 울고, 엄마에게 야단맞으면 억울해서 울기도 한다. 거울 보다가 울 때도 있고, 요즘은 잠을 자려고 가만히 누워 있는데 눈물이 날 때도 있다. 찡한 노래를 듣고 울기도 한다. 그렇지만 다른 사람, 게다가 어른의 눈물은 낯설다. 어렵다.

'거 봐. 정치는 요상한 거야. 여자를 울리잖아.'

배달

정영신 사장의 부어오른 눈이 가라앉고 차차 원래의 피부색으로 돌아왔다.

"차라랑~."

가게 문에 달린 작은 종이 가볍게 흔들리며 습기를 머금은 신선한 공기가 훅 들어왔다.

"안녕하세요. 우유 왔습니다."

피우리 지역 ○○우유 소매 공급업을 하는 김인천 씨가 한 손으로 묵직한 초록색 플라스틱 배달 상자를 들고 들어왔다.

"아, 소장님. 안녕하세요."

정영신은 우유 상자만 두고 뒤돌아 나가려는 김인천 씨를 붙잡았다.

"잠시만요."

영신은 따뜻한 물에 잽싸게 레몬 한 조각을 넣고 달달하게 우

58

려내더니 테이크아웃 잔에 담아 김인천 씨 손에 건네준다.

"사장님은 커피 안 드시니까, 이거 쭉 드세요."

레몬의 비타민과 달콤한 시럽은 온종일 시간에 쫓기고, 몸도 고된 김인천 씨 몸에 따뜻한 에너지를 줄 거다.

"아유, 고마워요. 번번이…."

"참, 소장님! 여기 이 친구들이 설문 조사를 한다는데 답변 좀 해 주실 수 있으세요?"

김인천 씨는 아직도 돌아야 할 거래처가 많아 마음이 급하다.

"저기, 내가 앉아 있을 시간이 없는디…. 미안해요."

그때 일선이 얼른 자리에서 일어나 말했다.

"아니에요. 설문지 가지고 가서서 천천히 하고 주셔도 돼요."

영신도 일선을 거들었다.

"네, 내일이나 모레 저희 가게에 우유 갖다 주실 때 설문지 주세요."

그제야 김인천 씨 미간이 좀 펴진다.

"응, 그래요, 그럼."

인천 씨가 전통 가구를 만들고 팔던 일을 20년 넘게 하다가 사업이 기울어 다 접고, 바닥부터 다시 우유 공급 일을 한 것도 벌써 12년째인가.

커피콩당 사장처럼 친절한 사람을 만나도 잠깐 앉아 이야기 할 시간도 없이 바쁘게 차를 몰고 또 다른 곳으로 배달을 해야 한다. 젊은 몸도 아닌데 무거운 상자를 온종일 날라야 한다. 많이 움직이고 또 근육을 쓰니 건강하고 단단할 것 같지만 그렇지도 않다. 노동에 쓰이는 근육은 정해져 있어서 집중적으로 힘이 쏠리는 무릎, 허리, 어깨의 통증은 만성이 되어 버렸다.

학생들이 건네준 종이를 언뜻 보니 '정치'라는 말이 눈에 띈다.

'먹고살기 바쁜 나 같은 사람에게도 정치에 대해 물어볼 것이 있나?'

인천 씨에게는 이 종이가 어렵고 난감하기만 하다. 우유 한 상자보다 훨씬 성가시고 무겁다.

설문 3

정치는 ^{보다} 먹고사는 게 제일 큰 걱정 이다

C우유 대리점 소장 김인천 (53세)

만나기만 하면 '정치'를 입에 올리는 친구 놈이 있다. 용식이라
는 초등학교 동창 녀석인데 술자리든 조기 축구회든 사람들만 모
이면 늘 그런다. 대체로 회식 자리에서 그러는 것 같다. 얼마 전
순댓국집에서 만났을 때도 그랬다. 텔레비전 뉴스가 발단이었다.
아니, 근데 왜 식당에는 늘 텔레비전이 켜 있을까? 나는 이것도
참 이해가 안 된다. 그것도 왜 꼭 사람들마다 의견이 다를 수 있
는 뉴스를 틀어 놓는지…. 요즘 뉴스에서 하는 말을 그대로 믿는
사람이 있나? 돈 가진 사람들, 권력 가진 사람들 편에서 보여 주
고 싶은 것만 흘리는 게 뉴스일 텐데. 근데 왜 조용히 밥을 먹으
러 간 사람들에게 꼭 텔레비전 뉴스를 봬 주느냔 말이다. 뉴스를

보고 싶지 않은 사람도 억지로 봐야 하는 건 정말 심하다. 옛날에 시내버스 운전사들이 버스 안에서 크게 라디오를 틀고 다녔던 것과 마찬가지다. 운전사는 흥이 날지 모르겠지만 시끄러운 트로트를 계속 들어야 하는 건, 나 같은 사람에겐 정말 고역이다. 요즘은 그런 버스가 없어져서 참 다행이다.

난 딱히 정치색이라고 할 것도 없고, 종교도 없다. 그래서 그런지 여러 사람이 있을 땐 예민할 수 있는 정치와 종교 이야기는 꺼내지 않는 게 예의 아닌가 싶다. 꺼내더라도 조심스럽게 해야지 안 그러면 모두가 어색하고 힘들어지니까.

아무튼 용식이라는 친구는 심한 욕설을 섞어 가면서 화면에 비친 어떤 정치인을 욕했다. 그리고 그 사람이 연루된 어떤 사건에 대해 연도와 금액까지 덧붙여 가며 아주 자세히 설명을 했다. 이 친구가 그 잡지를 진짜 보는지 안 보는지 모르겠지만 무슨 주간 뉴스라든가, 어떤 월간지에서 나온 기사라며 침을 튀겼다.

문제는 이 친구가 하도 역정을 내며 말을 하니까 이 친구와 다른 생각을 가진 사람은 아예 입도 뻥긋할 수 없다는 거다. 나도 이전에 몇 번 용식이와 대거리를 하다가 감정이 상해서 멱살잡이하고 싸우기도 했다. 나와 이 친구가 꼭 생각이 달라서 그런 것만은 아니다. 설령 이 친구와 같은 생각을 가졌어도 무슨 말을 더하는 걸 주저하게 된다. 용식이는 무슨 주제로 이야기를 하든 자기가 대화의 주도권을 가지고 있어야지 남의 말을 듣고만 있는 것은 못 참는다. 용식이가 조용히 찌그러져 있는 것은 술이 과해서 잠깐 눈 붙이고 졸 때뿐이다. 자기 목소리를 내세우고 허세를 부리기에 '정치' 이야기만 한 게 없으니 거기에서 큰소리를 내는 것일 뿐, 딱히 건전한 정치 철학이 있다거나 이 사회를 진심으로 걱정하는 것 같지는 않다.

우리 나이쯤 되면 남성들은 대개 팍 쪼그라든 낙엽이 되어 버린다. 이들을 비질을 해도 쓸리지 않고 바닥에 딱 붙은 젖은 낙엽이라고 놀리지 않던가. 집에서 돈 버는 기계밖에 안 되는 자괴감을 나도 가끔 느낀다. 그렇다고 우는 소리를 할 생각 없다. 울 틈도 없다. 둘째, 셋째가 아직 학생이다. 고등학생 아이 하나, 중학생 아이 하나. 제일 큰놈은 대학을 보내서 한숨을 돌리기는 했지만 등록금은 보태 주지 못한다. 자기 스스로 아르바이트를 하고 과외를 하며 어떻게든 해 본다고 발버둥을 치는 게 안쓰럽지만 나도 별도리가 없다.

10년 넘게 우유 대리점을 했으니 이걸로 한 재산 모았나? 그렇지 않다. 간신히 우리 다섯 식구 굶지 않고 여태 살게 해 준 것이 전부다. 게다가 이것도 앞으로 몇 년을 더 할 수 있을지 모르겠다. 본사에서 우리를 쥐어짜는 게 갈수록 심해진다. 발주를 하지도 않은 물량을 뭉텅이로 떠넘기고, 유통 기한이 얼마 남지 않은 우유를 보내기도 한다. 알다시피 유제품은 재고 관리가 가장 어렵다. 유통 기한이 지나면 팔지 못한다. 애물단지다. 회사에서 우리 같은 말단 대리점에게 폐기 처리를 하게 하는 거다. 새로운 유제품이 출시되면 영업 할당은 또 얼마나 주는지…. 길거리에서 아이들 장난감, 가전제품, 심지어 자전거까지 경품으로 나눠 주면서 우유 배달을 약정하는 것도 다 우리 살을 떼어서 하는 거다. 하기 싫어도 본사에 밉보이지 않으려면 하지 않을 도리가 없다.

엊그제는 본사에서 나온 영업 직원이 나에게 "사장님, 저도 이러고 싶어서 그러는 거 아니잖아요. 알아서 좀 잘합시다."라면서 가슴을 툭툭 쳤다. 자식뻘 되는 새파랗게 젊은 사람한테 이런 모욕을 당해야 하나, 내가 뭘 그렇게 잘못했나, 인생 헛살았구나, 하는 비참함이 밀물처럼 밀려왔다. 이건 애들 엄마한테도 말 못 했다.

'정치'가 뭐냐고? 이런 나에게 정치가 희망이 되어 줄 수 있으려나? 난 잘 모르겠다. 하루하루 사는 것도 바쁘고 괴롭다. 사랑하는 사람들을 지키고 싶은데, 내가 어디까지 버틸 수 있을지….

뉴스, 거짓말과 진실로 된 퍼즐

김민경 선생님은 문사철인 학생들이 한 설문 조사와 함께 보기 위해 여러 사상가와 연구자들이 정치를 어떻게 정의 내렸는지에 대한 자료를 모으고 있다. 페친(페이스북 친구)이나 트친(트위터 친구)들이 올린 정치 관련 이야기도 다른 때보다 더 유심히 보는 중이다.

페북에서 어떤 페친이 올린 말이 와 닿아 공유하기를 눌렀다. 어느 대주교님이 한 말이라고 한다.

"사람들은 남을 동정하고, 자신이 조금 더 높은 곳에서 아래로 베푸는 것은 기꺼이 한다. 하지만 왜 가난한 사람을 나와 똑같이 존중받는, 인권을 가진 인간으로 인정하는 것은 망설일까?"라는 글이었다.

SNS에 시간을 많이 쓰고 싶지는 않지만 완전히 끊을 수는 없다. 신문이나 방송보다 더 발 빠르게 올라오는 소식들이 많기 때문이다. 그리고 속도보다 더 중요한 것이 있다. 신문이나 뉴스에서 아무리 찾으려 해도 나오지 않는 사건들을 SNS를 통해 더 잘 알 수 있다. 민경은 일간지를 하나 구독하고 있다. 하지만 요즘은 구독하는 신문보다 온라인으로 접하는 시민 참여형 매체 보도를 더 신뢰한다.

대형 언론사일수록 시민들이 정말 알아야 할 중요한 정보를 감추거나 왜곡하는 경향이 강하다. 진실은 당연하고 뻔할 것 같지만 실은 그렇지 않다. 어떤 사건(팩트fact)이 있을 때 이를 어떤 관점에서 보느냐에 따라 사건이 완전히 달라질 수 있다. 예를 들어 구로사와 아키라 감독의 영화 〈라쇼몽〉은 하나의 사건을 서로 다르게 진술하는 여러 명의 사람들을 보여 준다. 진실, 특히 법정이나 언론에서 중요하게 생각해야 할 이 가치가 어떻게 왜곡되는지 고급스러운 은유로 보여 준다고 할까.

일본 역사 교과서 논란을 보면서도 같은 생각을 한다. 하기는 어디 일본뿐이랴. 친일파 후손들과 뉴라이트 계열은 친일 인사들의 행적을 두둔하고, 임시 정부의 가치를 폄하하며 항일 운동의 진정한 뜻을 희석하려 한다. 일제 강점기부터 한국 전쟁까지의 혼란한 시대에 친일에서 친미 노선으로 갈아타며 민족을 배반한 이기적인 매국노를 위인으로 등장시키기도 한다. 아직까지는 '친일파 같은 놈'이라는 말이 욕이지만, 그들이 이런 식으로 역사를 왜곡하게 둔다면 '우리 할아버지는 친일파셨어.'라고 자랑하는 후손이 나올지도 모른다.

친일파를 비롯해 전쟁 범죄자들을 제대로 벌하지 못한 그 과오가 21세기 한국 사회의 정의를 무너뜨린다. 한심하고 답답하다. 민경은 이런 대목에 이르면 교사로서 정신을 번쩍 차려야겠다고 다짐을 한다.

민경은 교무실 접대용 탁자에 놓인 각기 다른 신문 두 부를 흘 끗 보았다.

'내일 아이들과 신문 1면 비교하며 읽기라도 해 볼까.'

물론 예정에 없는 즉흥적인 수업이 될 것이다. 한 달 전쯤 국가 고위 관료들이 연루된 금융 비리 사건이 터졌다. 공기업 사장이 뇌물을 받고, 그 뇌물의 고리가 청와대 인사까지 줄줄이 이어져 있다는 주장이 나왔다. 그런데 사건 조사와 그에 대한 반발, 그리 고 해명이 3주쯤 이어졌을까? 어제, 온라인 포털에서부터 정상급 스포츠 스타의 이혼설이 솔솔 흘러나오더니 인터넷은 하루 만에 두 사람의 가정 문제 이야기로 뒤덮였다. 확인 안 된 추측성 기사 가 이미 도를 넘어섰고, 파파라치들은 스토커처럼 두 사람을 따 라다니는 것도 모자라 그 아이들까지 뒤쫓아 다니며 사진을 찍어 댄다. 주요 일간지 1면이 스타 부부 스캔들로 도배되어 버렸다. 금융 비리 사건은 사회면 안쪽으로 깊숙이 숨어 버렸다. 집요하 게, 끝까지 추적해서 사건을 밝히고 파헤치기보다는 얼렁뚱땅 묻 어 버리는 일, 이제는 토가 나올 것 같다.

'광고주에 의존하고, 그들의 입맛에 맞게 펜대를 놀리는 언론. 진실은 개나 주라는 건가, 젠장!'

민경은 들고 있던 신문 뭉치를 거칠게 테이블로 내던졌다. 생각보다 큰 소리가 났다. 자신도 모르게 교감 선생님 책상이 있는 곳을 돌아봤다. 다행히 교감 선생님 자리는 비어 있었다. 민경은 권력의 눈치를 보는 언론 욕을 하다가 순간 윗사람 눈치를 살피는 자신의 심리학적 자동 반사가 부끄럽고, 한심하고, 어처구니없다.

'아, 내가 싫다.'

설문 4

정치는 양극화를 해소해야 한 다

국어 선생님 심미진 (39세)

피우리중학교에 발령 받은 지 2년. 이곳에 오기 전에 있던 학교는 같은 교육청 관내에서도 비평준화 지역이었다. 신도시에 아파트 밀집 지역. 학교 건물이 7층이고 학년마다 열대여섯 반씩 있다. 이렇게 학생이 넘치는데도 전학생은 밀려 있다. 옆 지구에 새로 아파트 단지가 들어섰기 때문이다. 전입 대기자는 늘 줄을 서 있다.

반면 피우리중학교는 한 반 학생 수가 채 서른 명이 못 된다. 스물다섯 명이 정원인 반도 있다. 학급당 학생 수만 따지면 아주 이상적인 학교다. 자연환경도 마음에 든다. 학교 뒤에 나지막한 산이 학교를 감싸듯이 둘러싸고 있고, 조금만 걸으면 강변에 닿는다. 강이 가까워서 겨울이면 철새가 이동하는 것도 볼 수 있다. 머리 위로 철새들이 'V'자를 그리며 날아가는데, 퍼덕이는 소리도 들릴 정도다. 이렇게 많은 새를 가까이에서 본 건 평생 처음이다.

자연이 품어 줘서 그런지 아이들도 마음이 참 곱다. 배려심도 많고 심각한 학교 폭력의 징후도 보이지 않는다. 대한민국에 살고 대한민국 학교에 다니는 한, 대학 입시라는 지독한 현실에서 벗어날 수는 없지만 그래도 각 지역마다 공부 스트레스에 따른 영향은 다 달라 보인다. 이런 점에서도 피우리중학교는 건강한 편이다.

교사로 일하면서 마음이 건강하지 않은 아이들을 많이 봤다. 자아 존중감도 낮고 위축된 아이들, 속이 배배 꼬이고 가정에서도 학교에서도 바닥까지 짓눌려 터지기 일보 직전의 아이들을 여럿 봤다. 그럴 땐 학교 선생님으로서 한계를 느낄 때가 많이 있다.

교육은 전인격적인 작업이다. 한 사람의 모든 면, 한 사람과 관계된 모든 사람들, 모든 환경과 연결되어 있다. 한 아이에게 내가 교사로서 다가갈 수는 있지만 그 아이가 보내는 시간, 그 아이가 만나는 사람, 그 아이가 상처받는 모든 현장에 내가 함께할 수는 없다. 학교(교사)는 부모, 지역 사회와 함께 한 아이를 건강하게 길러야 하지만 그것은 이상적인 모델일 뿐이다.

사회는 학교가 교육의 모든 문제를 해결해야 한다고 주장한다. 그러나 학교 혼자서 그 모든 것을 해결할 수는 없다. 학교 폭력을 예로 들어 볼까. 가정이 폭력적이고, 사회가 폭력적인데 학교가 어찌 폭력적이지 않을 수 있을까. 사람들은 학교 폭력을 '단속'하면 되는 범죄처럼 이야기한다. 이게 문제다. 단속은 경찰이 할 일이다. 학교는 교육하는 기관이다. 단속하고, 적발하고, 처벌하는 게 학교에서 할 일인가? 아니다. 사후 단속이 아니라 그런 끔찍한 일이 일어나지 않는 공간이 되어야 한다. 그러나 우리나라 학교는 얼마나 위계적이고 억압적인가. 규칙과 규율로 아이들을 가두고 성적이라는 잣대 하나로 줄을 세운다. 1등이 아니면 다 쓸모없는 인간 취급을 받는다. 이것이 폭력이 아니고 무엇인가. 폭력적인 힘을 품고 있는 공간에서 폭력이 일어나지 않기를 바라는 것부터가 웃기는 일이다.

이런 원론적인 성찰을 집어치우고 학교 폭력이 일어난 이후의 일만 따지고 봐도 그렇다. 교육청이나 학부모, 그리고 사회는 학교 폭력 사건이 일어나면 형사 사건이 생긴 것처럼 가해자-피해자-사건 경위-처벌의 과정을 기대한다. 가해자나 피해자라는 일반 명사로 덧씌우기 전에 거기 한 인간이, 우리가 교육할 아이가 있다는 것을 생각하지 않는다. 사람에 초점을 맞추면 그런 재판 놀이보다 훨씬 더 보람되고 의미 있는 과정을 생각해 볼 수도 있는데, 거기까지 생각하지 않는다.

아이들이 왜 학교에 오나? 배우러 온다. 뭘 배우러? 시험 잘 치는 지식 배우러? 시험 잘 치는 기술 배우러? 우리의 답이 그런 수준에 머물러서는 안 된다. 교육을 통해 어떤 사람을 기를 것인지, 교육의 철학이 있어야 한다. 교육의 목표가 있어야 한다. 과연 우리 공교육에 그런 것이 있던가?

없다. 아니, 있다. '명문 대학에 한 명이라도 더 보내자.'는 목표. 경쟁적이며, 일방적이고, 세속적인 단 하나의 목표. 그래, 학교는 입시를 위한 학원이 된 지 오래다. 휴….

그건 그렇고 오늘 김민경 선생이 다가오더니 종이를 하나 내밀었다.

"미진 선생님, 제가 지도하는 문사철인 동아리에서 설문 조사를 하거든요. 선생님도 한 장 써 주세요. 저도 열 장 할당받았거든요. 하하!"

정치의식을 조사한다고? 민경 선생님에게 배우는 학생들답다고 생각했다. 중학생은 언뜻 정치나 사회 문제에 관심이 없다고 치부하기 쉬운데, 청소년이 먼저 나서다니 참 기특하다.

설문지는 몇 분 만에 휘리릭 써서 돌려 드렸다. 그러나 뭔가 찜찜했다. '우리나라 정치에서 무엇이 문제냐?'라는 문항이 숙제처럼 남았다. 나는 이 질문을 곧 '우리 사회에서 무엇이 가장 큰 문제냐?'로 해석했다. 다시 말해 '우리나라 정치가 해결해야 할 가장 큰 문제가 뭐냐?'라는 것이다.

나는 양극화 문제라고 생각한다. 전에는 '빈부의 격차'라는 말을 썼다. 하지만 지금은 그 격차가 너무 커져서 극단적으로 양분되기 때문에 '양극화'라고 표현하는 게 아닌가 싶다.

빈곤의 고리는 대를 이어 내려온다. 부모의 소득 격차는 아이들에게 그대로 반영된다. 냉정하게 말해서 아이들은 태어나는 순간부터 부모가 잘사느냐, 못 사느냐에 따라 다른 길을 걷게 된다. 교육 현장에서 이 지점의 격차가 가장 신랄하게 드러나는 과목은 영어다. 사립 유치원이나 영어 유치원에 다닌 아이들, 그것도 모자라 사설 영어 학원에 다니고 방학이나 휴가 때마다 외국에 나가 홈스테이를 하거나 영어 캠프를 다닌 아이와, 초등학교 3학년에 처음 영어 알파벳을 만나는 아이의 영어 격차가 모든 것을 말해 준다. 사교육 선행 학습이 공교육 교과 과정을 추월했을 때, 교실에 사교육을 받은 아이들이 대부분이라면? 교사는 알파벳이나 파닉스를 가르치지 않고 곧바로 영어 문장부터 가르칠 것이다. 초등학교 입학 전에 한글을 떼어야 하느냐 아니냐로 부모가 갈등을 겪는 것과 마찬가지다. 현실은 대부분 한글을 떼고 입학하며, 한글을 모른 채로 들어온 아이가 있다면 대체로 고생을 하기 마련이다. 그 아이는 첫 학교생활을 고단하고 괴롭게 시작해야 한다.

서울 상위권 대학 합격자 대다수는 서울을 비롯한 수도권 출신이고, 합격한 학생의 부모는 고소득자인 경우가 많다. 이런 여러 가지 지표는 대한민국 청춘들을 좌절하게 만든다. 대학 등록금을 감당할 수 없는 가정의 학생들은 물론이고, 대학을 졸업한다고 해도 그들의 어깨에는 학자금 대출이라는, 갚기 힘든 빚이 얹힌다. 그러니 결과적으로는 대학 서열화를 깨부수고 평준화로 가야 할 것이다. 그러나 근본적으로는 우리 사회의 심각한 소득 불평등 문제를 해결해야 한다.

얼마 전 왕따 및 학교 폭력에 관한 다큐멘터리에서 미국의 연구자가 한 말이 떠오른다. 그는 세계 여러 국가의 학교 폭력 발생 비율과 각 나라의 여러 지표들을 비교·연구했다. 그에 따르면, 절대적으로 빈곤하다고 해서 반드시 학교 폭력이 많이 일어나지는 않는다고 한다. 오히려 빈부 격차가 큰 나라일수록 학교 폭력이 더욱 기승을 부린다고 한다. 즉 양극화가 심해서 사회 안의 긴장과 불안이 크면 학교 폭력이 일어날 가능성이 더 높다는 것이다. 또 그는 놀랍고 무서운 사실을 발견했는데, 각 나라의 학교 폭력 발생 빈도는 그 나라의 살인 사건 발생 빈도와 정비례 했다. 결국 학교 폭력은 그 사회가 얼마나 불안하고 긴장감이 높고 경쟁적인 지를 보여 주는 척도이며, 학교 폭력이 자주 발생하는 사회에는 살인 사건 같은 끔찍한 범죄도 많다는 뜻이다. 학교가 안전하고 건강한 곳이 되기를 바란다면 우리 사회가 먼저 평등하고 안전하고 건강해져야 한다.

미묘한 변수

설문을 마치고 집에 돌아온 일선은 혼자 저녁을 먹은 뒤, 설문지 더미를 가지고 식탁 앞에 앉았다. 차분하게 뭔가를 읽거나 쓸일이 있을 때 책상에서 하는 것보다 식탁에서 하는 게 마음이 더편했다. 엄마, 아빠는 항상 퇴근이 늦어서 일선은 혼자 있을 때가많았다. 그런 날엔 식탁 위 오렌지색 등불 아래 있으면 따뜻해지는 것 같아서 좋았다. 공부방에 있는 형광등이 훨씬 밝기는 하지만 싸늘하고 왠지 외로운 느낌이 들었다.

낮에 일선은 커피콩당을 나선 이후 기운을 받았는지 조금 더분발해서 적극적으로 설문을 부탁할 수 있었다. (그래도 현서와 함께여서 그나마 나았다. 혼자였다면 아예 입이 얼어붙어서 설문지 한 장도 제대로 받지 못했으리라.) 설문지는 스물한 장 정도 되었다. 다른애들은 얼마나 받았는지 궁금했다.

이제 딴 생각 그만. 일선은 눈에 힘을 꾹 주고 설문지를 살펴보기로 했다. '정치란 무엇이냐.'라는 질문이 가장 쉬운 듯 보여도 가장 어렵고 사람들을 난감하게 한 것 같다. 난이도가 낮은 질문부터 배치해서 생각을 심화시키도록 한 후 어려운 질문을 마지막에 배치했으면 어땠을까? 만일 그렇게 순서를 재조정했다면 설문 조사의 응답 결과가 달라졌을까? 그럴 가능성도 충분히 있을 것 같다. 왜냐하면 처음부터 어렵고 난감한 질문이 나오면 응답하고 싶은 의욕이 팍 떨어질 테니까. 어쩌면 후반까지 성의 없이 응답하기 쉽지 않을까?

반대로 처음에는 쉽고 뒤로 갈수록 어려워진다면? 그러면 점차로 집중해서 더 열심히 고민하고 답을 할까? 아니면 시간이 지날수록 집중력이 떨어지니까 아예 중간에 포기하게 될까? 만일 두 가지 방식을 섞어서, 그러니까 난이도가 높은 문항과 낮은 문항을 골고루 섞는다면 어떨까? 이것도 실험해 보면 재미있을 것 같다.

설문지를 받는 방식도 설문 결과에 영향을 미칠 것 같다. 오늘 문사철인이 한 것처럼 계속 길거리에서 서서 묻는다면 아무래도 사람들은 길게 답을 하거나 진지하게 설문에 응하기 어려울 것이다. 실내 공간, 혹은 책상 앞에 앉아서 답할 수 있으면 밀도 있는 답변을 이끌어 낼 수도 있었으리라. 설문자 없이 그냥 설문지만 주고 혼자서 응답을 하고 돌려받는 방법도 생각해 볼 수 있다. 누군가가 자기를 보고 있는데 뭔가를 쓰거나 답을 고르는 것은 은근히 스트레스가 된다. 또 남을 의식하기 때문에 솔직한 답을 할 수 없을 수도 있다. 이처럼 미묘한 차이가 결과의 차이를 가져온다는 이론을 담은 책 이야기를 사회 선생님이 한 적이 있는데, 제목이 뭐였더라? 기억이 날 듯 말 듯….

받아 온 설문지를 훑어보니 생각보다 재미있었다. 설문을 할 때는 낯선 사람에게 부탁하는 데 집중하느라 설문 대상자가 뭐라고 답변을 하는지 눈여겨볼 틈이 없었다. 일단 사람들이 휘갈겨 쓴 글씨가 볼만했다. 파일을 대기는 했지만 책상이 없으니 제대로 힘을 주고 쓸 수 없어 어쩔 수 없었겠지만.

고개가 끄덕여지는 답변도 있었다. 교과서라면 밑줄을 치고 외워야 할 중요한 문장도 있었다. 질문이 좀 더 구체적이었으면 좋겠다는 의견은 기억했다가 문사철인에서 꼭 공유해야겠다고 생각했다.

설문지는 동아리에서 후배들과 함께 만든 것이다. 그때도 정치에 대한 느낌이나 인상에 관한 것만 겉핥기로 묻는 것 같다는 의견이 없지는 않았다. 하지만 이번 조사는 그 인상이나 느낌에 관한 것이 맞다는 게 문사철인 아이들의 결론이었다.

'정치'라고 했을 때 번뜩 떠오르는 생각, '정치'라는 말을 들었을 때의 사람들 반응을 알아보자는 데 합의했다. 구체적인 정치 문제나 하나의 사건에 대해 물어보면 깊이는 있겠지만 너무 좁아질 것 같았다. 모든 사람에게 두루 질문을 하려면 열려 있는 넓은 질문이 낫다고 판단했다. 사람들이 정치에 관해 가지고 있는 생각을 되도록 편한 말로 풀어 보는 것이 중요했다. 하지만 한 응답자가 지적한 대로, 넓은 의미의 질문이라도 꼼꼼하고 세세하게 물어본다면 응답자가 어떻게 생각하는지 더 잘 알아낼 수도 있을 것이다.

설문 5

정치는 삶 이다

회사원 김해준 (32세)

1 정치는 [   ] 이다.

   [   ] 에 어떤 말을 넣고 싶으세요?

   정치는 삶 이다.

2 귀하가 1과 같이 생각한 까닭은 무엇입니까?

   꼭 필요하지만(하지 않을 수 없지만) 현.시.창(현실은
   시궁창).

3 귀하의 생활 속에서 '정치적'이라고 생각되는 활동은 어떤 것이
   있나요?

   블로그, SNS 등 온라인에서 정치적 의사를 표현하는 것, 널리

퍼뜨려야 할 기사를 공유하고 나르기, 관련된 영화나 연극 등
문화예술 작품을 관람하는 것, 신문을 관심 있게 읽는 것 등.

4 귀하는 우리나라 정치의 가장 큰 문제점이 뭐라고
생각하십니까?
왜곡된 언론과 잘못된 교육이 문제.

5 우리나라 정치 발전을 위해 이것만은 꼭 바뀌어야 한다면
어떤 것이 있을까요?
삶의 철학으로서의 교육. 시민을 대변하는 정치가보다
그들의 행태를 가만히 두고 보지 않는 시민의 의식 향상이
더 중요하다고 봄.

6 귀하는 자신이 정치에 '참여'하고 있다고 생각하십니까?
아니요. ^^;;

7 정치인, 즉 정치를 직업으로 하는 사람은 어떤 사람이어야
할까요?
자기 주장과 철학이 확고해서 특정 성향의 사람들을 대변할
수 있는 사람.

8 귀하의 생활 속에서 '이것은 정치 탓이야.'라고 느끼는 때가
있습니까?

잘못된 복지 문제, 서민이 정치로 인해 억울한 일을 당할 때 등.

9 '올바른 정치'가 세상을 더 낫게 만들 수 있을까요?

그러믄요.

10 끝으로 설문을 마친 소감 부탁드립니다.

문사철인들에게 응원 한 말씀 주셔도 좋고요. ^*^

미래 세대가 이렇게 정치에 관심을 가지고 있다니 희망이

보입니다.

설문 6

정치는 　참여　 이다

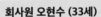

회사원 오현수 (33세)

1 　정치는 [　　　] 이다.

　　[　　　] 에 어떤 말을 넣고 싶으세요?

　　정치는 [참여] 이다.

2 　귀하가 1과 같이 생각한 까닭은 무엇입니까?

　　아무리 입으로 비난하고 머릿속으로 생각해도 현실은 달라지지
　　않는다. 내가 직접 투표장에 가서 투표를 하고, 정치적인
　　문제에 관심을 가지고, 구체적인 행동을 하지 않는다면
　　정치적인 권리를 포기하는 것이다.
　　거대 여당, 재벌, 많이 가진 사람들이 그들에게 유리한 대로,
　　그들의 논리대로 법과 제도를 움직인다. 만일 우리 같은 사람들이

목소리를 내지 않고 죽은 듯이 지낸다면 현실은 더 비참해질 것이다. 정치적 무관심은 결국 스스로 노예로 살겠다고 선언하는 것이다.

3 귀하의 생활 속에서 '정치적'이라고 생각되는 활동은 어떤 것이 있나요?

선거, 투표는 물론이고 현재 이루어지는 정치, 행정적인 부분에 관심을 갖는 모든 일.

4 귀하는 우리나라 정치의 가장 큰 문제점이 뭐라고 생각하십니까?

젊은 층이 정치에 관심이 없는 현상.

5 우리나라 정치 발전을 위해 이것만은 꼭 바꾸어야 한다면 어떤 것이 있을까요?

정권의 나팔수 노릇을 하는 언론.

6 귀하는 자신이 정치에 '참여'하고 있다고 생각하십니까?

참여는 하지만 부족하다고 느낀다.

7 정치인, 즉 정치를 직업으로 하는 사람은 어떤 사람이어야 할까요?

최소한 '헌신할 마음'이 있는 사람이 정치를 했으면 한다.

8 귀하의 생활 속에서 '이것은 정치 탓이야.'라고 느끼는 때가
   있습니까?

   정책이 달라져서 나의 생활에서 달라지는 부분이 생길 때.
   지하철 요금이나 전기 요금이 오른다든가 지역의 공공 의료원이
   폐쇄된다든가 하는 것을 보면 두려운 생각이 든다.

9 '올바른 정치'가 세상을 더 낫게 만들 수 있을까요?

   '올바르다'에 대해 사회적으로 합의하고, 올바른 것을 함께
   찾아갈 수 있었으면 한다.

10 끝으로 설문을 마친 소감 부탁드립니다.

   문사철인들에게 응원 한 말씀 주셔도 좋고요. ^*^
   질문이 더 구체적이면 좋겠네요. 어떤 건 너무 막연하고
   관념적인 것 같아요.
   님들 덕분에 잠깐이나마 '정치'를 고민할 수 있었어요. 고마워요.

설문 7

정치는 분노 조절을 할 수 없게 한 다

헬스 트레이너 이우혁 (28세)

건장한 남자인 내가 택시에 탈 때마다 긴장한다면 우습게 들릴지도 모르겠다. 난 정말 급할 때가 아니면 웬만하면 택시를 타지 않으려 한다. 택시 기사와 정치적인 화제로 말다툼을 하는 게 싫기 때문이다. 그래서 택시 안에서는 입을 잘 열지 않지만, 행여 라디오에서 뉴스라도 흘러나오는 날에는…. 아버지 연배의 기사 아저씨와 정치적인 논쟁을 시작하면…. 으, 상상하기도 싫다. 내가 분노 조절이 잘 안 되는 타입인 것은 사실이다. 하지만 말도 안 되는 논리로 자신이 옳다고 생각하는 걸 우기는 사람은 참기 어렵다. 말다툼 끝에 택시 기사가 차를 세운 게 몇 번인가. 작년 말에는 택시 아저씨한테 멱살 잡히고, 지나가던 사람들이 신고해서 둘이 같이 경찰서에 조서를 쓰러 가기도 했다.

　명절은 또 어떤가. 일 년에 몇 번 얼굴 보는, 화목해야 할 그 시간에 뉴스를 보다가 아버지와 으르렁거리게 된다. 아버지는 보시든 안 보시든 낮잠을 주무실 때조차 텔레비전를 켜 두시니 뉴스를 피할 길이 없고, 한술 더 떠 보수적인 지역색이 강한 친척 어르신들이 우글거리는 큰집에라도 갔다가는…. 나는 10 대 1의 설전을 펼쳐야 하는 외로운 워리어. 명절 싫다.

설문 8

정치는 　예술　 이다

자전거 전문점 운영자 김중경 (50세)

1 정치는 　　　　 이다.

　　　　 에 어떤 말을 넣고 싶으세요?

정치는 예술 이다.

2 귀하가 1과 같이 생각한 까닭은 무엇입니까?

타협과 협상이라는 비폭력적인 수단을 통해 현실을 더 낫게
만드는 가능성을 찾아가므로.

3 귀하의 생활 속에서 '정치적'이라고 생각되는 활동은 어떤 것이
있나요?

연말에 세금 공제 혜택을 받을 수 있는 정치 후원금 내기,

정치 관련 기사를 읽고 온라인에서 글을 공유하거나
댓글 달기, 선거 기간에 지지하는 후보 유세를 하거나
관련 소식에 관심 갖기.

4 귀하는 우리나라 정치의 가장 큰 문제점이 뭐라고
   생각하십니까?
   분배의 불공정성.

5 우리나라 정치 발전을 위해 이것만은 꼭 바뀌어야 한다면
   어떤 것이 있을까요?
   사법 기관의 독립성이 보장되어야 한다.
   언론은 정권의 눈치를 보지 않아야 한다.

6 귀하는 자신이 정치에 '참여'하고 있다고 생각하십니까?
   네.

7 정치인, 즉 정치를 직업으로 하는 사람은 어떤 사람이어야
   할까요?
   사회적·계급적으로 자신이 대표하는 사람들의 이해관계와
   복지를 의식해야 한다. 그것을 망각하면 안 된다.

8 귀하의 생활 속에서 '이것은 정치 탓이야.'라고 느끼는 때가
   있습니까?

네.

9 '올바른 정치'가 세상을 더 낫게 만들 수 있을까요?

네.

10 끝으로 설문을 마친 소감 부탁드립니다.

문사철인들에게 응원 한 말씀 주셔도 좋고요. ^*^

우리 아이도 중학생이에요. 멋진 중딩들 파이팅!

설문 9

정치는 공기 이다

은행원 전소은 (29세)

1 정치는 [   ] 이다.

   [   ] 에 어떤 말을 넣고 싶으세요?

   정치는 공기 이다.

2 귀하가 1과 같이 생각한 까닭은 무엇입니까?

   눈에 보이지 않지만 우리 생활 곳곳에 영향을 미치기 때문.

3 귀하의 생활 속에서 '정치적'이라고 생각되는 활동은 어떤 것이
   있나요?

   선거, 투표, 정당 가입, SNS 같은 공개적인 매체에 정치적인
   의사 표현을 하는 것 등.

4 귀하는 우리나라 정치의 가장 큰 문제점이 뭐라고 생각하십니까?

자질도 없고 양심도 없고 건강한 정치의식조차 없는 사람들이 개나 소나 한자리 하겠다고 나서는 것.

5 우리나라 정치 발전을 위해 이것만은 꼭 바뀌어야 한다면 어떤 것이 있을까요?

국민의 정치의식이 성장해야 한다. 지역감정이나 정치인의 유명세에 따라 투표를 하는 게 아니라 후보의 정책을 보고 객관적으로 투표할 수 있어야 한다.

6 귀하는 자신이 정치에 '참여'하고 있다고 생각하십니까?

네.

7 정치인, 즉 정치를 직업으로 하는 사람은 어떤 사람이어야 할까요?

정직한 사람, 합리적인 사람, 책임감 있는 사람, 다른 사람 이야기를 잘 듣는 사람.

8 귀하의 생활 속에서 '이것은 정치 탓이야.'라고 느끼는 때가 있습니까?

열악한 노동 환경, 낮은 임금, 환경 파괴(4대강), 비정규직, 청년 실업 문제 등.

9 '올바른 정치'가 세상을 더 낫게 만들 수 있을까요?

아무렴요.

10 끝으로 설문을 마친 소감 부탁드립니다.

문사철인들에게 응원 한 말씀 주셔도 좋고요. ^*^

학생들은 왜 정치 설문을 하는지 궁금합니다.

그리고 학생들은 정치에 대해 어떻게 생각하나요?

조사의 기원

설문지를 다 읽은 일선의 귀에는 '학생들은 왜 정치 설문을 하는지 궁금합니다.'라고 되묻는 목소리가 맴돌았다. 그러게. 왜 우리는 정치의식에 관한 설문 조사를 하는 걸까? 정치에 관심이 있기라도 했나? 아니, 이미 설문 조사를 한다는 건 정치에 관심이 있는 것이 되어 버린 거다. 문제는 왜 이렇게 되었는지 즉시 답이 나오지 않는다는 것이다. 이 대목에서 일선은 잠깐 생각을 해 보기로 했다.

내년에 지방 선거가 있어서? 아니, 이건 적절한 답이 아닌 것 같다. 문사철인이 아무리 범생이 그룹이라고 해도 투표하는 날에 학교를 가지 않는다는 것 이상의 의미를 두는 아이들은 그리 많지 않다. 그렇다면 왜?

정치 설문은 프로젝트 주제였고, 학교 축제 부스 아이템이었다. 이건 우리 스스로 정했던가?

기억을 더듬어 본다. 새 학기 들어 열린 문사철인 첫 회의가 학교 동아리 축제에 관한 것이었다. 생각나는 대로 이야기를 던지는 브레인스토밍 형식이어서 여러 가지 재밌는 의견이 많이 나왔다. 그때 서양 철학사에 등장하는 주요 인물을 코스프레 하자(지금 생각해도 이건 꽤 흥미로운 아이디어였어. 그런데 왜 탈락했을까?)는 의견이 나와서 다들 배꼽을 잡고 좋아했는데. 문사철인에서 문학 이야기는 거의 한 적이 없으니 한국 소설을 주제로 아이템을 기획해 보자는 의견도 있었다.

핵 발전소, 송전탑 건설, 제주 해군 기지 건설 같은 아주 구체적인 문제에 대해 조사해 보자. 또 우리가 있는 곳에서부터 이러한 문제를 알리고, 필요하면 서명도 받자고 한 건 일선이었다. 저항과 시위가 필요한 문제에 관한 정보는 무지개당에서 정기적으로 보내 주는 이메일을 통해 알고 있었다. 몇 해 전부터 일선은 무지개당 당원이었다. 엄마가 무지개당 당원으로 가입하면서 "일선아, 너도 무지개당에 가입할래?" 하고 물었다. 엄마는 일선

● 사실 대한민국에는 '무지개당'이라는 정당은 없다. 적어도 2014년 기준으로는 말이다. 우리나라는 정당법에서 만 19세 미만 청소년은 정당의 당원이 될 수 없다고 규정한다. 이는 청소년이 정치에 참여해 민주 시민으로 훈련받을 기회를 제한하는 것이며 선거 연령을 19세 이하로 낮추자는 시대적·세계적 흐름에도 맞지 않는다(우리나라는 만 19세 이상이 선거권을 행사하고 있다.) 그래서 우리나라 일부 진보 정당에서는 당원 자격에 연령 제한을 두지 않으며, 청년 당원들의 적극적인 활동을 지원하고 있다.

을 위해 좀 더 나은 세상을 만들고 싶다고 했다.

"엄마는 이 세상 사람들이 서로 차별하지 않고 평등하고 자유롭게 살 수 있었으면 해. 남이 바꿔 주기를 바라는 게 아니라 내가 나서야 하지. 그러려면 정치에 관심을 가져야 하고 말이야. 당원이 된다고 뭐 엄청난 활동을 할 수는 없겠지만, 그래도 나와 같은 생각을 가지고 정치적인 노력을 하는 정당을 지지하는 건, 시민으로서 최소한의 의무인 것 같아."

일선도 엄마와 같은 마음이 들었다. 안 그래도 용돈을 아껴 뜻깊은 일에 쓰고 싶다는 생각을 하던 터였다. 그래서 인터넷으로 당원 가입을 신청했고 매달 5000원을 당비로 내고 있다. 당원으로서 하는 일은 그저 당비를 내는 일뿐이다. 하지만 일선은 이메일이나 홈페이지를 통해 받는 무지개당 소식을 읽기만 해도 자신이 커다란 세계와 연결되어 있다는 느낌이 들었다. 학생이라 시간의 제약이 있기에, 단 한 사람의 힘이라도 더 실어 주고 싶은 곳에 거의 가 보지 못한다는 게 안타까웠다. 일선은 이런 마음에 문사철인에서 서명 운동과 1인 시위를 제안했던 것이다. 그때 "그건 너무 정치적이라 안 돼."라고 잘라 말한 건 소연이었다. 그러자 현서가 바로 목소리를 높였다.

"정치적이면 안 돼? 왜? 회장은 왜 뭐든 다 안 된다고 하지?"

분위기가 살짝 묘해졌다. 현서 목소리에 가시가 돋쳐 있었기 때문이다.

동아리실에 있는 사람들의 눈동자에는 '뭔 일이냐? 예민하네.'

하는 초조함, 그리고 그만한 크기의 호기심이 어려 있었다.

소연은 학기 초에 동아리 회장으로 당선되고 난 이후 거의 동아리실에 나오지 않았다. 올해는 동아리 축제가 있는 해라 3학년 집행부의 어깨가 무거웠다. 그런데도 소연은 동아리 회의에 얼굴을 잘 비치지 않고, 축제 준비에도 콧방귀를 뀌었다. 1, 2학년 후배들이 축제에 관해 다양한 의견을 내도 "그건 일이 너무 많아져서 안 돼."라며 반대만 했다. 현서도 문사철인 활동을 열심히 하는 건 아니지만, 회장이면서 그렇게 모든 일을 비껴가기만 하려는 소연의 태도에 불만이 많았다. 후배들도 대놓고는 말 못 해도 뒤에서는 자기들끼리 회장에 대해 입방아를 찧었다.

"회장 언니, 오늘도 바로 집에 갔네. 소식지 편집 회의는 어떻게 하지?"

"소연 언니는 저기 P동까지 학원 다니느라고 당최 시간을 못 낸대."

"동아리 활동도 못 할 거면서 회장은 왜 맡은 거야?"

"생활기록부에 문사철인 동아리 활동 올리려고 그렇게 기를 쓰고 회장한 거잖아. 너 몰랐어?"

"응, 나도 들었어. 나중에 정치·외교학이나 법대 지원하려면 자기소개서에 그런 이력이 필요하다면서."

"이것도 안 하고, 저것도 안 하겠다 하면 우리는 축제 때 뭐 할 것도 없겠다."

"그냥 손가락 빨고 놀자, 칫."

문사철인 아이들은 회장에게 불만이 있던 터라 현서가 소연의 말을 걸고넘어지니 둘에게 관심을 집중했다. 자연스레 동아리실 공기는 누가 당긴 듯 팽팽해졌고 침묵 때문에 더 무겁고 어색했다. 침묵을 깬 건 팔짱을 끼고 멀찌감치 앉아 있던 3학년 준석이었다.

"'정치적'이라는 말은 원래는 가치 중립적이라고 생각해. 그런데 사람들은 일상에서 신경을 쓰기 싫은 일이 있거나 남에게 떠넘기고 싶을 때 '정치적'이라는 말 뒤에 숨지."

뭔가 멋지게 들리긴 했지만 무슨 뜻인지 바로 이해가 되지는 않았다. 일선만 그렇게 느낀 게 아닌가 보다. 모두가 그저 멀뚱히 앉아만 있었다. 준석은 서둘러 자기 말을 보충했다.

"그러니까 내 말은…. 예를 들면, 어떤 사람이 공공의 이익과 관련된 문제를 끈질기게 이야기하면 '그 사람은 너무 정치적이야.'라는 식으로 말해. 약간 얕잡아 보는 느낌으로 말이야. 그런데 실은 이 말 속에는 '정치인도 아닌 주제에 뭘 그리 나서느냐.'라는 생각이 깔려 있어. 그 밑에는 또, '정치는 정치인들의 문제'라는 생각이 깔려 있어. 다른 예를 들어 볼까? '그 문제는 너무 정치적이니까 여기서는 다루기 힘들어.'라고 누군가 말한다 치자…."

이 대목에서 현서는 고개가 저절로 소연이 쪽으로 돌아갈 뻔했지만 억지로 참았다.

"그 말은 다시 말하면, '난 정치 따위는 관심 없어!' 아니면 '정치 어쩌고 하는 건 피곤한 문제고 의견들이 다를 게 뻔하니까 피하자. 패스!' 하는 것과 같아."

준석이가 이렇게 입을 열자 아이들이 하나둘 의견을 보탰다. 어른들은 늘 정치에 대해 투덜대지만 정작 정치가 무엇인지는 말해 주지 않는다. 정치가 문제라는데, 정작 텔레비전이나 정치 뉴스를 보면 무슨 내용인지 이해가 안 된다. 화면에는 매일같이 법원, 검찰청, 국회, 청와대가 나오고 양복 입은 중년 남성들이 나오지만 무슨 이야기를 하는지, 대체 어떤 사건이 있었는지 차분하게 설명해 주는 경우는 별로 없다. 청소년이 정치에 관심을 갖고 싶어도 정치가 무엇인지, 어떻게 정치 활동을 해야 하는지 알려 주는 사람은 없다. 3학년들도, 사회 시간에 정치 단원이 나오기는 하지만 별로 건질 건 없다고 했다. 교과서에서도 정치에 관한 내용은 몇 줄 안 나온다고도 했다.

"캬하, 정치가 19금이냐? 우리도 해 보자, 그까이꺼."

현서는 소연이가 입을 뻥긋도 못 해서 다소 업된 듯했다.

그리고 넉 달 뒤, 정치의식 설문 조사와 축제 준비를 앞에 둔 현서는 동아리실 의자에 두 다리를 뻗고 이렇게 지껄이고 있었다.

"누가 XX 어렵게 '정치'를 축제 주제로 하자고 했어? 어떤 X이야. 내가 가만 안 둬."

상인들의 눈물

낮에 중학생들이 왔다 간 뒤로 영신은 마음이 착잡했다. 세상 공부, 사회 공부하겠다고 학교 밖으로 나온 어린 학생들을 앉혀 놓고 내 신세 한탄이나 한 건가 싶어 스스로가 한심스러웠다. 그래도 어린 친구들이 카페가 어떤 어려움에 처했는지 처음부터 끝까지 집중해서 들어 주고 공감해 주어 고마웠다.

두 친구 중에서 일선이라는 단발머리 친구는 침착하고 차분했다. 말수는 적었지만 다른 사람 말을 하나하나 새기며 듣는 듯한 인상을 주었다. 반대로 앞머리에 똑딱이 핀을 꽂은 현서라는 친구는 가볍고 통통 튀는 느낌이었다. 툴툴거리기도 잘하고 입도 줄곧 삐죽거렸지만 밉지 않고 귀염성이 있었다. 콧등에 누가 뿌린 듯이 살짝 주근깨가 덮인 모습조차 예뻐 보였다.

집주인이 계약할 땐 언급도 안 했던 재건축을 하겠다며 당장 다음 달에 가게를 비우라고 했다는 얘기를 하자, 두 중학생은 믿을 수 없다는 표정으로 "말도 안 돼.", "그 사람, 왜 그래요?"를 연발했다. 또 "가진 사람이 그러면 안 되죠. 가게에서 장사하는 언니더러 나가라고 하면 뭘 먹고살아요."라는 어른 같은 소리도 했다. 상가임대차보호법에 재건축·재개발을 할 경우엔 임차인이 그냥 쫓겨날 수밖에 없게 되어 있다고 하자 "무슨 법이 그래요? '보호법'이라면서 왜 보호를 안 해 줘요?"라며 분개했다. 주근깨 친구는 심지어 "뭐야? 그런 법 꺼져! XX!"이라며 욕도 했다. 영신은 평소 욕을 입에 달고 다니는 몇몇 청소년들 모습을 못마땅해했는데 그 순간에는 속이 시원했다.

영신은 조카뻘 되는 아이들 앞에서 눈물까지 보여 부끄럽긴 했지만 그리 신경 쓰이지는 않았다. 이야기를 하고 나니 묘하게 힘이 났다. 누군가 내 이야기를 들어주고, 내 억울한 처지를 알아준다는 그 자체로 큰 힘이 되었다. 그동안은 법도 세상도 원래 그런 거라고, 그냥 운이 없다고 생각하라고 하는 것 같았다. 맞서 싸우려는 내가 틀렸다고 하는 것 같아서 미쳐 버릴 것 같았다. 그런데 중학생 소녀들은 내 말에 고개를 끄덕여 주었다. 이들은 내가 억울한 게 맞고, 법이 이상하다고 호탕하게 외쳤다.

'아, 내가 억울한 게 맞는 거구나. 내가 원통하고 이대로 포기할 수 없다면, 달걀로 바위 치기가 될지 몰라도 이러면 안 된다고 소리라도 질러 보자. 해 보자.'

가슴이 뻐근했다. 영신은 미처 몰랐지만 근 한 달 만에 구부정했던 등과 수그러진 어깨가 활짝 펴졌다.

일 욕심

문사철인 아이들이 이틀 동안 받은 설문지는 300장이 좀 못 되었다. 많다면 많고 적다면 적었다. 답을 하지 않았거나 성의 없이 적은 것도 많아서 온전히 300장이라고 말하기도 뭐했다. 문사철인들은 거의 매일 방과 후에 모여서 설문 조사 결과를 공유하고 정리했다. 민경 선생님도 종종 동아리실에 들렀다.

"아유, 선배. 쟤들은 완전 쫄아서 첫날엔 지하철역에서 빙빙 돌기만 하다가 왔어요."

"화장품 가게 앞에 서 있으니까 가게 주인이 제가 전단지 나눠 주는 줄 알고 저리 가라고 하는 거 있죠."

"난 친절한 언니를 만났어. 대학생 같았는데 정말 열심히 적어 주더라."

후배들은 거리를 다니며 겪은 일들을 무용담처럼 늘어놓았다.

현서도 이에 질세라 "야, 말도 마! 일선이 얘는 어땠는…" 하고 입을 열었지만 일선이 팔꿈치로 치는 바람에 다시 딱 다물었다.

민경 선생님은 다들 애썼다며 어깨를 두드려 줬다.

"설문하느라고 고생했어. 부끄럽고 어색했겠지만 모르는 사람에게 말을 걸고 부탁하는 것도 좋은 경험이 되었을 거야. 너희가 설문하면서 느낀 점도 들어 보고 싶어. 사람들 반응이 어땠는지도 궁금하고."

민경 선생님은 설문을 할 때 부족하게 느낀 부분은 인터뷰를 통해 채워 보면 어떻겠냐는 제안도 했다. 사람들과 얼굴을 마주하고 궁금한 것을 묻고 답하는 인터뷰는 설문 조사보다 훨씬 더 적극적인 방법이고, 구체적인 것까지 물어 볼 수 있는 장점이 있다고 했다.

"모두가 인터뷰를 해 보면 좋겠지만…. 인터뷰는 시간도 많이 들고, 인터뷰 대상자도 구해야 해서 쉽지는 않을 거야. 몇 사람만이라도 정치에 관한 생각을 들어 보는 인터뷰를 해 보면 어때? 설문 조사를 하는 팀은 이번 주말까지 계속 설문을 받고, 인터뷰는 인터뷰대로 해 보면 어떠니? 인터뷰 내용까지 더해지면 조사가 훨씬 풍성해질 거야."

'좋은 걸 누가 모르겠어요, 선생님. 그래도 난 안 해요!'

현서는 속으로 이렇게 구시렁거렸다. 그런데 옆에 있던 일선이 손을 번쩍 들더니, "저요. 제가 해 보고 싶어요!"라고 외쳤다. 커피콩당에 가면 사장님이든 누구든 붙잡고 인터뷰해 볼 수 있을 거라는 생각이 들었기 때문이다.

"어유, 얘는 일복이 많은 건지 욕심이 많은 건지, 쯧쯧쯧!"

현서는 자기도 모르게 할머니처럼 혀를 찼다.

밤의 카페

며칠 뒤 저녁, 일선과 현서는 인터뷰를 하기 위해 커피콩당으로 갔다. 영신 사장과는 미리 약속을 해 둔 터였다. 늦은 시간의 외출이었지만 일선네 부모님은 흔쾌히 허락했다. 반면 현서는 영어 과외를 미루고 가야 했다. "공부하기 싫으니까 지금 동아리 핑계를 대고 있어!"로 시작된 현서 엄마의 잔소리는 휴대폰을 통해 아파트 정문에서부터 일선과 만나 카페가 있는 골목으로 걸어갈 때까지 계속됐다.

"으, 귀가 다 뜨겁네, 진짜! 우리 엄마지만 정말 이 아줌마 집요하다, 집요해. 과외를 안 한다는 것도 아니고 하루 미루는 건데…. 보충 받으면 되지, 뭘 이리 호들갑을 떠시는지."

간신히 전화를 끊으면서 현서는 혀를 쏙 내밀었다.

"미안해, 오늘 너 과외 하는 거 깜박했다."

일선은 저녁에 약속을 잡으면 현서가 부모님께 꾸중을 들을 거라는 걸 미리 예상하지 못한 것이 새삼 미안했다. 친구 부모님들이 다 자신의 엄마, 아빠처럼 쿨하고 너그러운 것은 아니라는 걸 깜박한 것이다.

"뭐, 그렇게 심하진 않았어. 그나마 너랑 같이 간다고 하니까 허락이 떨어진 거야. 범생이랑 다니면 이런 게 좋다니까. 이 정도로 그쳤으니 베리베리 나이스, 구우으~웃!"

일선은 엄지손가락을 쭉 올리면서 활짝 웃는 현서가 고마웠다. 현서는 일선이 힘들거나 언짢은 일이 있을 때도 늘 곁에 있어 줬다. 문사철인에서 남들보다 더 많은 일감을 짊어지고도 허덕이지 않을 수 있는 것도 현서가 곁에 있어서 가능한 일이다.

카페가 있는 좁은 골목으로 들어서자 길 끝에 서 있는 가로등이 따스한 노란 불빛을 뿜고 있었다. 카페 테라스 위에 드리워진 노란 차양은 가로등의 불빛을 튕겨 내서 노오란 빛 무더기를 퍼트렸다. 넓지 않은 카페와 테라스에서 사람들의 웃음소리와 열띤 말소리가 흘러나왔다. 카페는 밤의 차분한 공기 속에 작은 등대처럼 떠 있었다.

영신 사장은 일선과 현서가 들어오자 기다리고 있었다는 듯 따스하게 반겨 줬다.

"아, 마침 잘 왔어요. 인터뷰에 적당한 손님이 와 계시거든."

두 사람은 얼떨결에 어떤 아저씨 앞에 앉게 됐다. 아저씨는 커피 잔을 앞에 두고 혼자 책을 읽고 있었다. 언뜻 봤을 때 일선이 아빠뻘은 안 되는 것 같고 막내 삼촌 정도의 나이로 보였다. 젊긴 하지만 대학생이나 청년 같진 않고, 뭐랄까? 호칭이 마땅치 않았다. 그래서 일단 '젊은 아저씨' 정도로 하기로 했다. 일선은 조금 어색했지만 설문지를 건네면서 자기소개를 했다.

"안녕하세요. 저는 차일선입니다. 저희는 카페랑 아주 가까운 곳에 있는, 음⋯. 저기 한의원 골목 아시죠? 거기에 있는 피우리 중학교 학생이에요. 문사철인이라는 인문 동아리 부원이고요. 올해 동아리 축제가 열리는데 저희는 '시민들의 정치의식'이라는 주제로 준비를 하고 있어요. 올해 사회 과목에서 정치 단원을 배웠는데 사실 학교에서 배우는 건 너무 딱딱하고 와 닿지도 않았어요. 정치가 무척 중요하고 필요한 거라는 건 아는데 복잡하고 어렵게만 느껴졌어요. 내년엔 지방 선거를 해서 텔레비전이나 신문에서 관련 뉴스가 많이 나오긴 하지만 저희가 볼 땐 '정치인' 들, 아니면 어떤 '정치적 사건'만 나오는 거예요. 그래서 그냥 뉴스만 봐서는 무슨 내용인지 잘 모르겠더라고요. 부모님께 설명을 들어야 조금 이해가 되고, 물어본다고 해도 부모님도 잘 모르실 때가 많았어요. 그래서 저희는 '정치'가 뭔지를 먼저 알아야겠다는 생각을 했어요. 그러다 보니 사람들이 '정치'를 어떻게 생각하는지 들어 보고 싶었어요. 거기에 대한 답을 들으면 정치가 일상에서 어떤 의미가 있는지 알 것 같았거든요. 그래서 설문 조사를 시작하게 됐어요. 나중에 설문 조사 결과를 정리한 다음 발표회에서 발표도 하고 전시도 할 거예요. 그래서 아,(저씨라고 하려다가

그건 왠지 실례인 것 같아서) 선생님께도 설문 조사 좀 부탁드릴게
요."

일선이 말을 마치자 옆에 있던 현서가 팔꿈치로 툭툭 치며 엄
지를 들어 보인다.

"오오오오, 차일선. 말 좀 하는데? 님좀짱인 듯~ 히히."

설문 조사를 몇 번 해 봐서 그런지, 일선이 스스로가 생각해도
말이 한결 매끄럽게 나왔다. 일선의 말을 다 들은 아저씨는 빙그
레 웃었다.

"저도 제 소개를 할게요. 이름은 이종수고요, 무지개당 당원이
에요. 당에 가입한 지는 한 5년쯤 됐어요. 2년 전부터는 여기 피
우리 지역 당원협의회 위원장 일도 맡고 있어요."

"실은… 저도 당원이에요. 엄마가 가입할 때 같이 했어요."

일선은 반가운 마음에 자신도 모르게 당원 커밍아웃을 했다.

"뭥미?"

현서는 일선이 무지개당 당원이라는 말에 눈이 동그래졌다.

"어, 그래요? 무지 반갑네. 우리 당에 청년위원회가 있는 건 알
았지만 우리 마을에서 만날 줄은 몰랐네요."

종수 아저씨는 헤벌쭉 웃으며 일선과 현서에게 악수를 청했다.
그러고 나서 다른 당원들에게도 설문지를 받아 줄 테니 설문지
를 챙겨 달라고 했다. 또 일선에게 어머니와 함께 당원 모임에도
나오라고 권했다. 일선은 한결 편한 마음으로 아저씨에게 질문을
했다. 아저씨 역시 설문지를 채우면서 일선에게 편하게 말을 걸

었다. 누가 설문 조사를 해 보자는 제안을 했는지, 설문을 받으면서 느낀 점은 무엇인지 묻기도 했다. 아저씨는 현서에게도 말을 걸었다. 학교에 갈 때 교복을 입는지, 학교생활은 어떤지, 요즘 중학교는 자신이 다닐 때와 비교해서 얼마나 달라졌는지 궁금해했다. 말문이 트이자 현서도 궁금한 걸 묻기 시작했다.

"무지개당은 어떤 당이에요?"

"당원이 된다는 게 뭐예요? 거기에 취직하는 거예요?"

"시위할 때 무섭진 않으세요?"

상대방은 되도 않는 질문이라고 생각할지도 모르지만, 일선과 현서는 아저씨에게 궁금한 것들을 하나하나 놓치지 않고 물었다. 그 순간 일선은 책이나 교실이 아니더라도 사람이 만나 서로 이야기를 주고받으며 무언가를 배울 수 있음을 느꼈다. 그러다 문득 주위를 둘러보니 카페에 있는 사람들 모두가 서로를 마주 보며 열심히 이야기를 나누고 있는 모습이 보였다. 개미들이 더듬이로 특별한 물질을 내뿜으며 대화를 하는 것처럼, 사람들도 보이지 않는 안테나를 세우고 서로 의사소통하기 위해 무척 애를 쓰고 집중하고 있었다.

'대화하려는 노력, 의사소통하려는 의지. 이런 게 같이 사는 거고, 정치일지도 모르겠다.'

일선은 무심코 든 생각을 제법 멋지게 정리했다.

커피콩을 볶는 고소하고 진득한 냄새가 주방에서부터 흘러나와 카페를 채웠다.

설문 10

정치는 이다

무지개당 피우리 지역 당원협의회 위원장 이종수 (43세)

"정치가 뭐라고 생각하세요?"

누군가 나에게 이렇게 물어보기를 기다렸던 것처럼, 나는 지난 10년여 동안 그 답을 찾으려고 애썼다. 늘 머릿속으로 되풀이하며 생각했던 답, '누군가 물어보면 이렇게 말하리라.' 하며 준비해 두었던 답. 오늘 이렇게 파릇파릇한 10대들과 마주 앉아 이야기하게 될 줄은 몰랐지만 말이다.

"정치는 나누기예요. 나누기. 분배 말입니다."

한 나라 안의 유형·무형의 자산을 나눠 주는 것. 이것을 어떻게, 누구에게 먼저 줄 것인지를 합의하고 결정하는 것. 그것이 바로 정치다. 나는 이렇게 생각한다.

지금 우리 사회는 승자독식(勝者獨食), 위너 테이크스 올(Winner takes all), 즉 이긴 자가 다 가지는 구조다. 돈이 많을수록 더 많은 기회를 가지고, 더 많은 꿈을 꿀 수 있다. 이것이 자본주의의 규칙이다. 돈이 곧 힘이다. 돈에 인정을 기댈 수 없다. 결국 돈은 사람 위에 선다. 돈이 사람보다 앞서는 사회가 된다. 70년대 어린 여공들이 숨 쉬기도 힘든 열악한 작업장에서 잠이 오지 않는 약을 먹어 가며 밤새 일해야 했다. 노동 조건, 노동 환경은 사람이 살 수 없을 만큼 열악했다. 그래서 전태일 열사는 1970년 11월 13일, 자기 몸을 불사르며 노동법을 준수하라고 외쳤다. 그런데 과연 그날 이후 우리 사회는 얼마나 나아졌을까?

높은 빌딩들과 번드르르한 차림새, 국민 소득은 높아졌다. 겉보기에는 아주 잘사는 사회, 나아진 사회처럼 보인다. 그러나 속을 들여다보자. 소득 격차는 더 커졌다. 노동 환경은? 노동자들은 헌법에 보장된 노동권도 변변히 보장받지 못한다. 노동조합을 만들거나 단체 행동을 하려 하면 회사, 더 나아가 경찰과 언론, 정부까지 나서서 탄압한다. 모든 파업은 '불법'으로 매도되고, 노조 집행부는 파업을 이끌었다는 책임을 물어 직위 해제, 해고되는 게 예사다. 그뿐 아니라 파업 기간 동안 회사가 손실을 입었다며 파업에 참여한 사람들에게 어마어마한 금액의 손해배상금을 물린다. 그들이 안 쓰고, 안 자고 평생 일해도 만져 볼 수조차 없는 정도의 돈을….

신자유주의라는 이름의 광풍은 인간을 소모품으로 전락시키고, 대기업과 자본가들이 국경을 넘어 어마어마한 부를 독식하게 만들었다. 사람들은 노골적으로 자본을 찬미하고, 모든 문화와 예술조차 자본에 굴복하고 봉사하게 만든다. 법과 제도마저도 자본의 논리, 돈의 논리를 두둔하며 없는 사람, 못 가진 사람은 쓰레기처럼 쉽게 삭제한다. 그런데 이 비참한 현실보다 더 무시무시한 사실은 따로 있다. 이것은 비밀 아닌 비밀이다. 누구나 게임의 규칙이 잘못되었다는 것을 알지만 그 누구도 바꿀 생각은 하지 않는다는 거다. 영화 〈레미제라블Les Misérables〉을 보며 감정이입을 하는 사람들이 왜 자기 현실에는 둔감한 걸까? 왜 나를 억누르고, 우리를 착취하는 사회 시스템은 외면하는 걸까? 억눌린 자들이 떨치고 일어나서 족쇄를 깨부수는 날은 언제 올까?

"두 유 히어 더 피플 씽? 씽잉 어 송 오브 앵그리 맨?(Do you hear the people sing? singing a song of angry men?) 사람들의 노래가 들리는가. 분노한 자들의 노래가…."

설문 11

정치는 눈에 보이지 않는 전쟁 이다

마을공동체 라디오 디제이 왁자 (32세)

나는 피우리 마을에서 컴퓨터 수리점을 한다. 이전에는 대기업 가전제품 서비스 센터에서 4년을 일했다. 고장 난 컴퓨터 고치는 일을 하지만 '수리 기사' 또는 '사장'으로 불리는 것보다 라디오 디제이(DJ) '왁자'라고 불리는 게 더 좋다. '왁자'는 왁자지껄의 그 왁자다. 작년에 주민 센터에서 '마을 라디오' 강좌를 들었는데, 그때 수강생들끼리 뜻을 모아 '피우리 마을 라디오'를 만들었다. 우리 가게 한쪽이 바로 라디오 센터다. 나는 가게 밖으로 연결한 스피커에서 늘 마을 라디오 방송이 나오도록 틀어 놓는다.

매주 화요일 저녁 6시부터 7시까지는 〈석양의 왁자〉라는 라디오 프로그램을 진행한다. 여기에서는 마을 소식도 전하고, 청취자 사연도 읽는다. 음악도 트는데 주로 가요나 올드팝을 선곡한다. 이웃 카페 '커피콩당'에서도 하루에 한 시간씩 '피우리 마을라디오'를 틀어 놓는다.

아까 커피를 마시러 커피콩당에 들렀다가 깜찍한 중학생들을만났다. 시민들의 정치의식에 대한 설문 조사를 한다는데 언제이 학생들도 우리 라디오 프로그램에 게스트로 초대할 참이다.

아까 그 친구들과 잠시 이야기를 나눴다. 보통 처음 만난 사람들끼리는 정치나 종교에 대해 묻지 않는다. 민감한 소재이기 때문이다. 그런데 어린 학생들이 당돌하게 정치에 대해 질문을 하니 나도 돌직구를 던지는 게 예의일 듯하다.

정치는 낭만이 아니다.

정치는 이상도 아니다.

평생 일군 논밭과 평생 동안 살아온 고향에 세계 최대 초고압송전탑을 짓지 말라고 몇 년째 목 놓아 외치던 노인은 결국 자기몸에 불을 붙였다. 이 송전탑은 작은 시골 마을에는 필요하지 않은 시설이다. 도시에 사는 사람들을 위한 거다. 정부는 도시와 뚝떨어진 바닷가에 죽음의 핵 발전소를 짓고, 높다란 송전탑을 세워 도시로 전기를 끌어 온다. 평생을 이 땅에서 살아온 노인들에게, 마을을 송전탑에 내어 주라고 한다. 국가의 폭력이 어디 그뿐이랴.

제주도 강정마을에서는 아름다운 구럼비 해안을 폭파하고 해군 기지를 짓고 있다. 이에 반대하는 평화주의자들에게 경찰은 폭력을 행사한다. 경찰은 자신들은 공권력이라며 자신들의 폭력을 정당화한다. 또한 그들은 가진 것 없는 시민들에게 '공무집행 방해' 따위의 이름으로 벌금 딱지를 벌 떼처럼 날려 보낸다.

우리가 불의에 순종하고 눈 감는다면 희망이 없다. 분노하고, 비통함을 느낄 수 있기에 희망이 있는 거다. (음, 내가 말한 거지만 좀 멋지군. 이건 내일 라디오 멘트에 써 먹어야겠다, 흠흠.)

설문 12

정치는 내가 사는 곳에서부터 시작 이다

일선 엄마 서정은 (42세)

퇴근하고 집에 오니 아무도 없다. 참, 일선이가 동아리 일로 카페에서 무슨 설문 조사를 한다고 했지. 퇴근하고 집에 오면 늘 일선이가 있어서 몰랐는데 불 꺼진 집에 들어오는 기분, 이상하다. 일선이는 매일 이렇게 혼자서 문을 따고 들어오겠지. 그 생각은 미처 못 해 봤다. 녀석, 적적하고 외로웠겠구나.

밀린 설거지랑 집 정리를 하고 늦은 저녁을 먹는데 일선이 들어온다.

"다녀왔습니다."

"응, 잘 하고 왔어?"

일선은 말 없이 종이 한 장을 내민다. 동아리에서 하는 설문 조사란다.

"이것 좀 써 줘, 엄마."

이게 전부다. 제 방으로 바로 들어가는데 어깨가 푹 수그러져 있다.

초등학생 때만 해도 일선이는 말끝마다, "엄마, 있잖아… 학교에서…", "근데 엄마, 내 친구 ○○가…" 하면서 쫑알쫑알했다. 그런데 오늘은 하루에 몇 마디나 나눴을까. 일반적인 사춘기 증상인 것 같긴 하지만, 내가 아이의 마음을 제대로 읽지 못한다는 생각이 든다. 그냥 안아 주면 되는데…. 나도 마음의 여유가 없는 것 같다. 회사에 가면 회사 일, 집에 오면 집안일, 그리고 또 집에 와서 일 걱정…. 혹시 일중독인가? 이런 내 모습이 한심하고 서글프기도 하다. 그렇지만 나에게 힘을 주는 건 가족, 친구들, 사람 아닌가. 사랑하는 이들이 있으니까. 일단 안아 줄 거야. 일선이를 안아 주고, 이야기를 들어 주고 그러면 될 거야.

아, 일선이가 준 숙제를 해야지. 이게 뭐냐…. 설문지구나.

흠…. 정치…. 설문이 별로 재미가 없네. 좀 더 구체적이고 생생한 걸 물으면 좋을 텐데.

아무튼…. 정치… 정치 참여… 나는 어떻게 정치에 참여하느냐, 이걸 묻는 거지?

음… 투표하는 거야 시민의 기본적인 의무고 권리니까 말하나 마나고.

참! 최근 우리 아파트 주민 투표 건. 이것 때문에 정말 골치가 아프다. 동대표 회의에서 무인 경비 시스템을 도입하자는 안건을 투표에 부친다는데, 나는 반대다. 우리 아파트는 주변 아파트에선 이미 사라지고 없는 경비 아저씨들이 계신다. 동대표 회의 입장은 경비 아저씨들 인건비 때문에 우리 아파트의 일반 관리비가 너무 높다는 거다. 내년부터는 최저임금제 적용 문제로 인건비가 더 오르기 때문에 이 문제가 안건으로 올라왔다. 관리비를 낮추기 위해 경비원을 대폭 줄이는 대신 CCTV를 달고, 아파트 현관에 전자 잠금장치를 설치하자고 한다. 요즘 새로 짓는 아파트들이 경비원을 두는 대신 비밀번호를 누르거나 카드를 대고 들어가는 방식으로 출입 통제를 하는데, 이것이 최첨단이고 신식이라며 끌리는 사람들이 꽤 있나 보다.

하지만 나는 반대다. 우리 집만 반대하는 게 아니다. 우리 가족이 이 아파트에 산 지 10년이 넘었는데 우리처럼 이곳에 오래 산 주민들은 대부분 경비 아저씨들을 해고할 마음이 없다. 솔직히 한 식구 같은 분들을 해고하고 전자 기기를 들여오자는 발상부터 이해가 안 된다.

부끄러운 이야기지만 우리 아파트 경비원 초소는 정말 열악하다. 초소는 딱 주차장 요금 정산소 부스 크기 정도다. 의자 하나, 작은 책상 하나가 간신히 들어간다. 그 좁은 공간에서 24시간을 앉아 있어야 한다니. 난 경비실 초소를 지날 때마다 죄책감에 사로잡힌다. 법적으로 정해진 휴식 시간도 챙기지 못하고, 의자에 앉아 다리도 펴지 못한 채 쪽잠을 주무시는 걸 보면 정말 괴롭다. 우리는 그곳을 지나쳐 올라와 안락한 집에서 잠을 자는데 말이다. 다른 사람이 나를 위해 제대로 대우받지도 못하면서 노동을 한다는 건 정말 속상한 일이다. 경비 아저씨들은 올 여름 같은 혹서에 에어컨도 없이 찜통 속에 앉아 있었다. 나라면 그 안에서

일선네 아파트에서 이런 투표를 하는 것은 '최저임금제'와 관련이 있다. 최저임금제는 국가가 낮은 임금의 노동자를 보호하기 위해, 고용주가 노동자들이 살아가는 데 필요한 최소한의 금액 이상을 주도록 법으로 강제하는 것이다. 즉 '아무리 임금이 낮더라도 최소한 이 정도 이상은 주어야 한다.'는 최저금액을 사회적으로 합의하는 것이다. 이 제도는 호주에서 제일 먼저 시행되었고, 우리나라는 1968년 말 최저임금법을 만들어 1988년부터 시행 중이다.
2014년 시간당 최저임금은 5210원이다. 여러분이 편의점이나 주유소에서 아르바이트를 한다면 법적으로 시급을 5210원 이상 받아야 한다는 것을 뜻한다. 그런데 아파트 경비원이나 은행의 청원 경찰 등 감시·단속적 노동자는 최저임금의 적용을 받지 못하고 있다. 만일 이들에게 최저임금을 100퍼센트 적용할 경우 아파트 관리비가 상승한다는 등의 이유로 대량 해고가 이어질 거라 예상되기 때문이다. 최저임금법은 저임금 노동자가 최저한의 수준이라도 임금을 받도록 보장하는 것인데, 이것을 적용할 경우 해고가 될까 봐 노동부가 적용을 유예(미룬다는)한다는 웃픈(웃기고도 슬픈) 상황이다. 일선이 사는 아파트에서도 최저임금의 80퍼센트 적용, 90퍼센트 적용으로 최저임금의 적용 비율을 점차 상승시키다가 100퍼센트로 적용해야 하는 시기가 다가오자 동대표를 비롯한 몇몇 주민들이, "최저임금 100퍼센트를 적용하면 관리비가 오른다. 경비원을 해고하고 무인 경비 시스템으로 바꿔서 관리비를 낮추면 된다."고 주장했다. 무인 경비 시스템 찬성이냐 반대냐를 떠나서 수년 동안 명절 때도 쉬지 못하고, 매일 자리를 지키며 인사하고, 온갖 궂은일을 해 주는 경비 아저씨를 관리비 몇천 원, 많아 봐야 1만 원 덜 내자고 해고하자는 생각이 씁쓸하다. 사회에서 해고된다는 것은, 특히나 빈곤층에게는 사형 선고와 같은 일이다.

한 시간도 버티지 못할 것 같다. 겨울은 또 어떤가. 폭설이 내리면 매일매일 몇 시간씩 눈을 치워야 한다. 작년에는 눈이 한 시간에 몇 센티미터씩 쌓이던 날이 며칠 동안 계속되기도 했다. 하루는 제설 작업에 동참했는데 고작 두어 시간 눈을 치웠을 뿐인데도 그 뒤로 며칠 동안 허리가 아파서 혼났다. 그런데 연세가 많은 분들이 이런 일을 매일 하고 계시다는 생각이 들자 정말 염치가 없었다. 이렇게 우리를 위해 고되게 일하는 분들께 고마워하기는커녕 관리비를 줄이자고 하루아침에 쫓아내려 하다니. 게다가 더 화가 나는 것은 동대표 회의에서 도입하자는 무인 경비 시스템 공사에 무려 8억 원이 든다는 거다. 인건비가 오르는 게 무섭다면서 8억 원을 쓰는 게 과연 경제적으로 합리적인 일인가? 지난번 공청회에 바득바득 찾아가서 무인 경비 시스템 도입에 찬성하는 분들의 자료를 살펴봤더니 더 어처구니가 없었다. 경비 아저씨를 한 명도 해고하지 않아도 내년 관리비 상승분은 5000원이 채 되지 않는다. 관리비 5000원을 더 내서 경비 아저씨들이 계속 일하면 우리도 좋고, 그분들도 좋은 거 아닌가? 5000원 내리자고 8억 원을 쓰는 건 무슨 속셈일까? 관심 없는 사람들은 그 8억 원이 내 주머니에서 나가는 것이 아니라 아파트 관리비 중 장기수선충당금에서 나가니까 괜찮다고도 한다. 하지만 따지고 보면 장기수선충당금도 우리가 낸 돈이다. 우리가 낸 세금을 정부가 합의 없이 엉뚱한 곳에 쓰는데 분노하지 않는 사람들. 아파트 주민들도 같은 것인가.

정치가 뭐 별 거야. 내가 있는 곳, 내가 사는 곳에서 공동체가 무언가를 결정할 때 민주적으로 하고, 그 결정의 기준을 다수의 행복, 평등, 평화, 인권으로 삼는 것. 그게 정치지. 여의도를 가지 않아도, 국회의원 배지를 달지 않아도 정치를 할 수 있다. 내가 속한 곳에서 옳다고 생각하는 것을 말하고 행동하는 것, 그게 정치다.

아파트 게시판을 보니 주민 투표 전 무인 경비 시스템에 관한 찬반 의견서를 받는단다. 반대 의견서를 써서 내야겠다. 어유, 오늘도 날밤을 새야 하나. 맘이 바쁘다.

엄마랑 데이트

일선은 요즘 학교가 끝나면 커피콩당에 들르는 것이 코스가 됐다. 따로 학원을 다니지도 않고 집에 가 봐야 혼자 있어야 하는 일선에게 갈 곳이 생겨서 좋았다. 음료 한 잔을 시켜 놓고 거기에서 숙제도 하고 책도 읽으면 어른이 된 것 같은 기분도 들었다. 일선이 매일 카페에 간다는 걸 알게 된 엄마는 아예 음료 값을 따로 챙겨 줬다.

일선 엄마는 주말에 일선과 팔짱을 끼고 함께 카페에 왔더랬다. 커피가 맛있다며 좋아하더니 사장님에게 이것저것 물어 입에 맞는 원두도 샀다. 커피 원두가 든 봉투를 일선이 코에 바짝 들이댄 후 "어때? 커피 향 좋지?"라고도 했다. 한가로운 주말, 거기에 카페인의 효능까지 더해져서 그런지 엄마는 아주 신이 나 보였다. 더불어 일선도 마음이 가벼웠다. 오랜만에 엄마랑 둘이 함께 있는 시간이 오붓하고 참 좋았다.

"영신 사장님, 참 서글서글하고 털털하니 사람 좋아 보이더라."

일선 엄마는 카페를 나서자마자 영신 사장님 인물평을 했다.

"한자리에서 오래오래 장사할 수 있으면 참 좋으련만…."

일선을 통해서 카페가 쫓겨나게 생긴 사정을 들은 일선 엄마는 혀를 찼다.

"장사하는 사람들이 힘들게 가게 열고 조금씩 손님이 늘어서 간신히 자리 잡을 만하면 임대료 올려서 쫓아내고…. 집주인들은 왜 그러나 몰라. 가진 사람들이 더해."

"왜 그럴까, 엄마? 법이 못 가진 사람들을 보호해 줘야 하는 거 아니야?"

"법이 꼭 약자 편인지 잘 모르겠어. 정치도 그렇고 경찰들도 그렇고, 말로는 국민을 위해 시민을 위해서라고 하는데…. 어떨 때 보면 높은 사람, 힘 있는 사람들만 국민인가, 싶을 때가 많더라."

"세상이 원래 그런 건가?"

"음. 내 생각에는…. 원래 그런 거라는 건 없어. 우리가 이상적이라고 생각하는 세상을 만들면 되는 거지. 사람 사는 세상이 동물의 왕국처럼 약육강식이면 안 되잖아. 강한 자만 살아남으면 어떻게 되겠어. 골고루, 다양하게, 두루 함께 사는 게 건강한 거야. 생태계도 그렇고 인간 사회도 그렇고. 만약 한 종만 남으면… 그럼 멸망하는 거야. 멸종이지."

"맞아. 다 다르니까 좋은 건데 왜 그걸 모르나 몰라. 생긴 것도 그래. 다 다르니까 개성이 있고 저마다 예쁜 건데. 우리 반 애들

중에도 성형수술 하겠다는 애들 많아."

"정말? 왜? 너희가 얼마나 이쁜데? 지나 봐라. 이 청춘이, 젊음이 그대로 아름다운 거야. 돈 주고도 못 사는 젊음을 가진 분들이 왜 그러셔."

"엄마 생각도 그렇지? 내 눈에도 친구들 다 예쁜데 연예인들 닮고 싶어서 안달이라니까. 턱은 바짝 깎아서 얼굴은 달걀형, 눈은 쌍꺼풀진 눈, 코는 오똑하게…. 그럼 다 똑같은 얼굴이 되는

• 커피콩당 사장님을 울리는 '상가임대차보호법' 이야기는 앞에서 잠깐 나왔다. 우리나라 상가임대차보호법은 계약 관계에서 을(乙)에 놓일 수밖에 없는 상가 임차인을 보호해 주기에는 여러모로 구멍이 많다.

우리나라 법은 우선 임대차 계약 자체를 임차인과 임대인 두 개인의 사적인 계약으로 본다. 임대하는 공간(가게)을 임대인의 '재산·자산'으로만 본다. 장사하는 사람은 남의 '재산·자산'을 임시로 빌리는 사람으로 보는 것이다.

반면 일본의 '차지차가법(借地借家法, 우리나라 '상가임대차보호법'에 해당)'에서는 임차한 공간(가게)을 상인의 생존 터전으로 본다. 즉 한 사람, 아니 상인과 그 가족의 생계가 걸려 있는 공간으로 본다. 돈, 자산 가치를 넘어서 인권적 측면에서 약자를 보호한다. 그래서 일본에서는 지진, 화재 등의 천재지변이 있는 경우가 아니면 그 어떤 경우에도 집주인이 장사하는 사람을 일방적으로 내쫓지 못한다.

프랑스 법에는 '그 집(가게) 앞 발걸음'이라는 개념도 있다고 한다. '그 집 앞 발걸음'은 정식 법률 용어다. 예를 들어 카페나 음식점이 있을 때 그 가게를 다녀간 손님들의 발걸음이라는 뜻이다. 가게가 단순히 무언가를 사고파는 상업적인 공간일 뿐 아니라 그 자리에서 사람들을 교류하게 하고 문화를 만든다는 점을 인정하고, 그 가치를 법으로 보호하자는 것이다.

법의 관점과 인식이 깊어질수록 그 사회의 철학과 문화가 함께 깊어지고 발전할 수 있다는 것을 보여 주는 좋은 예들이다.

데. 정말 좋은 걸까?"

"크크크크…."

엄마가 웃는 바람에 일선은 눈이 휘둥그레졌다.

"왜? 엄마? 뭐가 웃겨?"

"크크크. 일선이 넌 예쁘잖아. 예쁜 애가 그런 말하면 되게 재
수 없다, 너! 크크크. 엄마로서 진지하게 말하는데 넌 참 눈치가
없다. 하하하!"

일선은 빠직하고 신경이 튀기는 것처럼 발끈했다.

"엄마!!!!!! 내가 뭐가 예뻐? 키도 작고, 눈도 작고 처지고, 그
흔한 쌍꺼풀도 없지. 못생겼어."

"무슨 소리야. 이렇게 예쁘게 낳아 줬으면 고맙다고는 못할망
정! 이 정도로 만들기가 쉬운 줄 아니? 내가 너처럼 생겼으면 엄
마를 업고 다닌다, 이것아!"

"어유, 엄마는 정말…."

말은 이렇게 해도 일선은 안다. 엄마 눈에는 진심으로 일선이
예뻐 보인다는 걸. 사람들이 아무리 팔불출이라고 놀려도 엄마에
겐 일선이가 아름답고 소중하다는 걸.

리어카 할머니

오늘도 일선은 학교가 끝나자마자 내달려 카페로 왔다. 창가 쪽 자리를 가장 좋아해서 이 자리가 비어 있으면 횡재라도 한 것처럼 기분이 좋다. 얼른 자리를 차지하고 앉아서 숙제를 폈다. 요즘엔 카페에 올 때 갈아입을 옷까지 챙겨 온다. 카페에 있는 동안 불편한 교복 대신 편한 옷을 입고 싶기도 했지만, 그보다 교복을 입으면 사람들 눈에 띄어서 불편했기 때문이다. 들어오는 손님마다 눈빛으로 '학생이 여기서 뭐 하나?'라고 묻는 것 같았다. 그리고 일선 자신의 불편보다도 혹시라도 학생이 있다고 어른 손님들이 꺼릴까 봐 더 마음이 쓰였다.

'어차피 낮에는 한가하니까….'

누가 뭐라고 하는 건 아니었지만, 일선은 그냥 이런 마음으로 자주 카페에 오기로 했다. 어쩌면, 그래 어쩌면, 청소년은 이런 장소에 어울리지 않을지도 모른다. 청소년에게는 이런 여유가 허락되지 않기 때문이다.

일선은 커피콩당에 오면 무엇보다 마음이 편했다. 이곳엔 늘 커피 향기가 풍기고, 또 음악이 있다. 커피콩당에 흘러나오는 대부분의 곡, 아니 사실은 모든 곡이 처음 듣는 건데 하나같이 다 마음을 움직였다. 연주 곡이 나오기도 하고 노래가 나오기도 하는데, 텔레비전이나 라디오에서는 한 번도 들어 보지 못한 곡들이다. 친구들과 듣는 대중가요는 한 번도 나온 적이 없다. 하지만 모르는 곡이라고 해서 낯설기만 한 건 아니었다. 새로운 세계에 온 것처럼 기분이 새로워졌기 때문이다. 며칠 전에는 어떤 노래를 듣는데 끝없이 펼쳐진 지평선과 염소의 이미지가 머릿속에 떠올랐다.

"무슨 노래예요?"

일선이 묻자 영신 사장은 우리나라 가수가 몽골의 악기를 써서 만든 곡이라고 설명해 주었다.

"몽골 사막을 여행하고, 또 그곳 사람들을 만나는 동안 영감을 받아 만든 노래래. 참 신비롭지?"

눈을 감고 들으니 그 음악은 더 깊고 풍부하게 느껴졌다. 마두금이라는 몽골의 민속 현악기와 휘파람 소리, 그리고 어떻게 사람이 이런 소리를 내나 싶은 바람 소리 같은 것이 카페 안을 구석구석 채웠다. 열여섯 살 일선의 몸은 피우리라는 작은 마을의 한 카페에 있지만 마음은 바람이 되어 저 먼 땅에서 휘휘 날아다녔다.

일선이가 음악의 위대한 힘으로 영혼의 영역이라고 느껴지는 곳에 다녀온 사이, 카페 골목에 거대한 손수레가 나타났다. 리어카라고도 하는 손수레에는 어마어마하게 쌓인 폐지와 고물이 실려 있었다. 앞쪽에 주렁주렁 달린 비닐봉지에는 촘촘하게 빈 캔이 들어 있고, 플라스틱 고물은 폐지와 종이 박스 사이에 박혀 있었다. 거대하고 무거워 보이는 수레는 천천히 굴러갔다. 그런데 그 무거운 수레를 끌고 가는 것은 놀랍게도 키가 짐 더미의 반의 반 정도밖에 안 되어 보이는 할머니였다. 언뜻 보면 할머니는 짐에 가려져서 리어카가 마치 저절로 미끄러지는 것처럼 보였다.

창밖에서 리어카 할머니를 본 일선은 시골에 사는 외할머니가 생각났다. 보고만 있어도 안쓰럽고 눈물이 날 것 같은 모습에 뛰쳐나가 수레를 밀어 드려야 하나 망설이고 있던 차였다. 그런데 그때 영신 사장님이 먼저 가게 문을 열고 "할머니! 안녕하세요!" 하고 반갑게 불렀다. 그러고 나서 할머니에게 뛰어가 다정하게 몇 마디 말을 주고받더니 서둘러 주방으로 갔다. 일선은 그 모습을 보며 우유 아저씨가 왔을 때처럼 따뜻한 물이라도 건네주시려나 보다 했다. 그런데 영신이 손에 들고 나온 건 요구르트와 초코파이였다.

할머니가 가고 나서 영신이 일선에게 속삭이듯 말했다.

"할머니가 하루에 한 끼도 제대로 못 드시거든. 저렇게 폐지를 산더미처럼 가지고 가면 얼마 받는지 알아? 몇 천 원도 못 받는대. 킬로그램당 몇백 원 더 준다고 일부러 더 먼 곳에 있는 고물상까지 가신다는 거야. 그래서 4~5킬로미터나 더 끌고 가신대.

우리 가게가 고물상 가는 중간 거리쯤 되거든. 가면서 힘 나시라고 뭐라도 좀 챙겨 뒀다가 꼭 드리려고 해."

일선은 그 말을 듣는 동안 눈을 어디에 둬야 할지 몰라 난감했다. 하루에 한 끼만 먹을 정도로 굶주린 사람이 우리 앞에 있다는 게 믿기지 않았다. 자신과 한동네에 사는 사람이 이토록 가난하게 살고 있다는 사실에 눈물이 핑 돌았다. 하지만 눈물을 흘리거나 함부로 불쌍하다고 말할 수 없었다. 할머니를 동정하거나 가엾다고 생각하는 건 왠지 그 사람을 내려다보는 느낌이 들었다. 그래서는 안 된다고 생각했다. 할머니는 그냥 자기 몫의 삶을 열심히 사는 사람인 거다. 다만 늙고 연약한 노인이 이토록 심한 노동을 해야만 하는 우리 삶의 조건에 문제 제기를 해야 한다. 허리가 구부러지고 손가락 발가락이 구부러지도록 폐지를 줍고 날라도 하루 세 끼를 챙겨 먹을 수 없는 가난이 옳지 않다는 걸 지적해야 한다. 그리고 문제를 사회가 함께 해결해야 한다.

일선은 짧은 시간 동안 아주 멀리까지 생각을 넓혔다. 그리고 한 학기 내내 계속해서 매달리고 있는 정치라는 주제와 리어카 할머니를 어떻게 연결시켜야 할지 머리를 굴렸다. 리어카 할머니의 처지와 정치는 어떤 관계가 있을까?

만일 일선이 할머니께 "정치에 대해 어떻게 생각하세요?"라고 묻는다면 어떤 대답이 돌아올까? 할머니에게 조금이라도 대답할 기운이 있다면, 당장 입에 풀칠하기도 힘든데 무슨 헛소리를 하는 거냐고 욕지거리를 퍼붓지 않을까?

'정치는 할머니에게 너무 먼 나라 이야기일 거야. 하지만 정말 할머니와 정치가 아무 관련이 없을까?'

19세의 선거권

멀어지는 할머니의 리어카를 보면서, 일선은 마음이 착잡했다. 설명하기 힘든 복잡하고 다층적인 생각들이 한꺼번에 일렁이는 듯했다. 마음에도 층이 있다면 지금 일선의 마음은 패스트리(pastry)처럼 여러 겹의 얇은 막이 켜켜이 놓여 있을 것만 같다. 그 중에서도 커피콩당이라는 카페가 사라진다는 것이 가장 짠하게 떠올랐다. 손님이 아니더라도 길을 지나다가 잠시 쉬며 물 한 잔을 마실 수 있는 곳, 강아지도 고양이도 쉬어 가는 곳, 골목 한 귀퉁이에서 수많은 생명을 다정하게 맞아 주는 곳이 사라져야 하다니…. 그것도 다른 가게로 바뀌는 것이 아니라 건물 전체를 때려 부수고 아무것도 없던 것처럼 파괴될 운명이라니….

줄곧 아파트에서만 살아온 일선은 여태껏 어떤 공간이나 건물에 사람들의 마음과 체취가 깃들 수 있다는 생각은 해 보지 못했다. 그러다 커피콩당을 만나 이런 것들의 소중함을 알게 되었는데 카페가 곧 사라지게 될 거라니…. 커피콩당이 부서지고 없어질 때 그 허전함을 어떻게 감당해야 할지 막막했다. 이렇게 멀쩡하고 예쁘기까지 한 곳을 허물고 새 건물을 지으려는 집주인의 머릿속이 궁금했다. 물어보나 마나 이유는 돈이겠지. '경제적'이라든가 '수익률'이라든가 하는 그럴 듯한 단어로 돌려 말하겠지만 결국은 돈이겠지. 어른들은 '돈'이라고 말하면 천박하다고 생각하면서도 실은 모든 것의 기준을 돈으로 삼는다. 아이들이 공부를 잘하고 명문 대학에 가길 바라는 것도 결국은 돈을 잘 벌기를 바라기 때문이 아닌가. 하지만 어른들에게 돈이 전부이고 모든 것의 잣대이더라도 가난한 사람이 없으면 없는 대로 그냥 이대로 살도록 두면 안 되는 걸까? 사람들의 보금자리는 늘 재개발·재건축이라는 이름으로 돈에 쏠려 쓰레기처럼 다른 곳으로 버려져야 하는 걸까? 진짜 다른 방법은 없을까?

일선은 영신 사장에게 다른 대책이 있는지, 자리를 옮겨서 다시 카페를 열 생각이 있는지 알지 못했다. 하지만 물어볼 엄두조차 나지 않았다. 커피콩당에 발걸음을 한 지 한 달도 채 안 된 자신도 이럴진대, 이곳을 만들고 가꾸고 지킨 사장님은 오죽 괴로울까, 그렇게 헤아릴 뿐이다.

일선은 다시 자기 할 일에 집중하기로 한다. 오늘이 가기 전에 메일 한 통을 써야 한다. 메일을 받을 주인공은 얼굴도 모르는 사람이다. '뛰어, 남쪽으로'라는 다소 긴 이름으로 불린다는 것, 그래서 친한 사람들은 줄여서 '뛰남'이라고 부른다는 것은 안다. 또 튀어, 남쪽으로(씨? 님?)가 무지개당 당원이고 청년위원회에서 활동 중인 청소년 인권 활동가라는 것도 안다. 일선은 튀어, 남쪽으로에게 같은 청소년으로서 정치에 대해 어떤 생각을 가지고 있는지, 구체적으로 어떤 정치 활동을 하는지 물어보려 한다.

실은 이종수 아저씨와 인터뷰를 하다가 청소년과 관련된 정치 활동에 대한 이야기가 나왔었다.

"독일의 최연소 국회의원이 몇 살인지 아니?"

아저씨가 물었을 때 일선은 속으로, '25세 정도? 국회의원 정도 하려면 대학은 졸업하고 출마하지 않았을까?'라고 생각했지만 대답은 하지 않았다. 현서는 "20세요? 아님 21세? 최연소니까 무지하게 어리다는 거지요?"라며 대충 찍었다.

"안나 뤼어만이라는 여성인데 처음 국회의원에 당선되었을 때가 19세였어. 외국은 만 나이로 하니까 우리 나이로는 20세겠네." 아저씨가 대답했다.

현서가 얼떨결에 답을 맞추기는 했지만 일선과 마찬가지로 깜짝 놀랐다. 19세, 20세면 우리나라에선 고3이나 대학교 1학년 정도인데 국회의원이라니, 무척 놀라웠다.

"독일은 정당 안에 청소년 위원회 같은 것들이 잘 되어 있어서 청소년도 자신들의 권리를 위해 활동할 수 있어. 안나 뤼어만도 15세에 녹색당에 가입했다고 하더라. 직업 정치인들이 이렇게 정당 안에서 성장하고, 또 실제로 정치 활동을 하면서 자신의 입지를 다질 수 있어. 유명한 연예인이나 사업가가 어느 날 갑자기 정치에 입문하고, 정당에 영입되는 것보다 낫지 않니?"

우리나라는 청소년의 정당 가입을 인정하지 않는 데다 선거권도 만 19세부터 인정받는다. 전 세계 대부분의 국가가 만 18세에 선거권을 갖는 것에 비해서 늦다. 오스트리아, 쿠바 같은 나라는 만 16세에 선거권을 보장한다. 북한과 인도네시아, 수단 등도 만 17세부터 선거를 할 수 있다. 대부분 피선거권 역시 동일하게 인정한다. 이것은 무슨 말인고 하니, 청소년이 유권자로서 투표를 할 수 있는 것은 물론 자신이 직접 국회의원이나 지방의회 의원 등으로 출마할 수 있다는 뜻이다.

세계 여러 나라의 선거 연령 (만 나이)

선거 연령	국가명
16세	오스트리아, 쿠바, 니카라과, 브라질, 소말리아
17세	북한, 인도네시아, 수단, 동티모르
18세	영국, 프랑스, 독일, 미국, 캐나다, 오스트레일리아, 뉴질랜드, 노르웨이, 네덜란드, 아일랜드, 스위스, 벨기에, 러시아연방, 에스파냐, 불가리아, 체코, 덴마크, 핀란드, 그리스, 온두라스, 이탈리아, 칠레, 우크라이나, 베네수엘라, 몽골, 태국, 인도, 방글라데시, 스리랑카, 멕시코, 이집트, 이란, 이라크, 이스라엘, 터키, 예멘, 알제리, 앙골라, 가나, 우간다, 케냐, 볼리비아, 도미니카, 에콰도르, 엘살바도르, 과테말라, 베트남, 아이티
19세	한국
20세	튀니지, 레바논, 캄보디아, 카메룬, 일본

우리나라는 다른 나라에 비해 선거 연령이 늦다는 것도 문제지만, 사실 더 큰 문제는 다른 법적 권리는 만 18세에 시작된다는 것이다. 예를 들어 남성은 만 18세부터 병역 의무를 지고, 공무원으로 일할 수 있으며, 법적으로 혼인을 하는 것도 가능하다. 국민으로서 병역 의무를 지도록 하면서 국민의 권리인 선거권을 주지 않는다는 것은 모순이다.

일선과 현서는 청소년의 정치 활동이 보장된 다른 나라 이야기를 듣다 보니 절로 한숨이 나왔다. 청소년이 정당에 가입할 수 있는 것은 물론이고 투표, 나아가 출마까지 가능하다면… 정말 근사한 생각이 아닌가.

몇 해 전, 시 교육감 선거 때 일이다. 학생인권조례 제정 문제를 둘러싸고 정반대의 입장을 가진 두 후보가 나왔다. 한쪽은 학생인권조례 제정에 찬성하고 줄 세우기식의 경쟁 교육을 반대하는 진보 성향의 교육감이었고, 다른 한쪽은 학생인권조례 제정을 반대하고 경쟁 교육을 옹호하는 보수 성향의 교육감이었다. 교육감 선거 결과는 교육의 당사자인 청소년에게 직접 영향을 미치지만, 청소년들은 선거권이 없기 때문에 누가 교육감으로 당선이 되든 어떤 교육 정책이 결정되든 별도리가 없었다. 예전에는 교육감을 국민들이 투표를 해서 뽑지 않고 간선제로 선출을 했다고하니, 교육감 직선제로 변화한 것만 해도 민주주의를 향해 나아간 거라고 할 수도 있지만, 청소년이 선거권을 가지게 되려면 아직 갈 길이 먼 듯하다. 또 우리나라는 처음 만난 사이라도 나이부터 따지고 드는 '나이주의'가 그 어떤 것보다 막강하지 않나. 반공 이데올로기보다 더 강한 게 나이주의란다. 그래서 청소년이 인권을 말하면 '건방지다'라는 빈정거림이 먼저 돌아온다.

이종수 아저씨와 대화를 나누던 일선은 청년위원회에서 일한다는 청소년 활동가를 만나고 싶었다. 같은 또래이면서도 당당하게 제 목소리를 내고, 편견에 사로잡힌 어른들의 세상을 바꾸려 한다니 더 궁금해졌다. 그러자 이종수 아저씨는 무지개당 청년위원회 청소년 활동가 한 사람을 소개해 주겠다고 했다. 그게 바로 '튀남'이다.

설문 13

정치는 부당한 권위에 개기는 것 이다

청소년 인권 활동가 튀남('튀어, 남쪽으로' / 17세)

부모님은 내게 말한다.

"너는 왜 그렇게 정치적이냐?"

이때 '정치적'이라는 말은 아마 정부 비판적이고 신문이나 뉴스를 신뢰하지 않는다는 뜻일 거다. '애답지 않게 세상일에 지나치게 관심이 많네.'라는 비아냥거림이기도 하다. '네 앞가림이나 잘해라.'라는 뜻도 담고 있다.

주변 어른들도 마찬가지다. 이웃, 가끔 만나는 친척, 그리고 선생님들도 나를 이해하지 못한다. 집회나 시위, 농성장에 쫓아다니는 나를 손가락질하고 혀를 찬다.

나는 우리 집의 골칫덩어리, 화근, 가정불화의 씨앗, 불명예라

불린다. 지지난 주에도 부모님과 엄청나게 싸우고 가출을 할 뻔했다. 나를 재워 줄 친구도 마땅히 없지만 어떻게든 될 거라는 생각이 들었다. 다른 청소년 인권 활동가들도 대부분 부모님과 함께 살고 경제적으로 독립하지 못했기 때문에 나와 처지가 비슷하다. 부모님과 주변 어른들의 지지를 받으며 활동하는 친구들은 찾아보기 어렵다. 지지는커녕 '버린 자식' 취급을 하거나 우리 집 친권자처럼 아예 "포기했다."고 공공연히 말하기도 한다. 그렇지만 나는 내가 지금 하는 일, 그리고 학교를 그만두기로 한 나의 결정을 후회하지 않는다.

내가 지금 이렇게 살고 있는 건 어쩌면 예정되어 있던 건지도 모른다. 사실 지금 집에서 부모님과 대립하고 갈등을 겪는 것은 견딜 만하다고도 할 수 있다. 진짜 최악은 아버지 직장 때문에 외국에서 4년을 살다가 한국에 돌아왔던 바로 그때였다. 외국에서 살던 나는 한국 학교에 적응해야 했는데, 그건 마치 산과 들에서 자유롭게 뛰놀던 야생 늑대를 잡아다가 우리에 집어넣는 것과 비슷했다. 우리일지라도 넉넉하고 여유가 좀 있으면 그나마 좋으련만 닭장처럼 좁아서 팔다리를 웅크리고 들어가 있어야 하는 느낌이었다.

한국 학교는 완전 딴 세상이었다. 외국에서 다니던 학교와는 달랐다. 일단 아침에 지각을 하면 교문 앞에서 벌을 세우거나 심지어 뺨을 때리기도 했다. 나는 한 번도 지각을 하지는 않았지만 친구들이 당하는 그 모욕적인 장면을 보는 것이 너무나 굴욕적이었다. 하루에 12시간 넘게 학교에 있어야 한다는 것도 이해가 되지 않았다. 전혀 자율적이지 않은 '자율' 학습을, 밤늦게까지 해야 한다는 게 말이 안 된다고 생각했다. 전태일 열사가 개탄하고 절망한 노동자들의 상황과 지금 우리가 감내해야 하는 이 비정상적인 상황이 다른 게 뭔가. 하지만 그보다 더 견디기 힘든 것은 아무 생각도, 아무 말도 하지 않고, 아무 일도 일어나지 않는 것처럼 멀쩡하게 지내는 친구들이었다. 나도 아무렇지 않은 척 교실에서 웃고 떠들어 봤지만 아무런 위로를 받을 수 없었다. 내 발목에 어마어마하게 무거운 바위가 묶여 있어서 꼬르륵꼬르륵 물 밑으로 끌려들어 가는 것 같았다. 앞으로도 3년을 더 참아야 한다는 것이 가장 숨 막히는 대목이었다.

그러다 나는 튕겨져 나왔다. 학교 정문에서 학생인권조례를 제대로 지키라는 종이를 들고 1인 시위를 한 것이다. 나는 이미 목이 졸릴 대로 졸렸고 숨이 넘어가기 직전이었으니까. 군대는 가본 적 없지만 군대와 학교는 아주 비슷한 것 같다. 이곳엔 '나'라는 개인은 없다. 있어서도 안 된다. 뇌를 비워야 한다. 위에서 내려온 명령대로 로봇처럼 움직여야 한다. 명령에 대해서 생각하거나 판단하는 것은 금지되어 있다. '조직을 위해'라는 대의명분이 있지만 그게 정말 조직을 위한 일인지 따져서는 안 된다. 그냥 제일 위에 있는 사람 마음대로 하는 거다.

나는 진짜 권위는 존경과 지지에서 나온다고 믿는다. 일방적인 명령을 권위라고 생각하는 사람들은 '꼰대'일 뿐이다. 그런데 권력을 가진 사람들, 힘 있는 사람들은 그걸 모르는 것 같다.

나는 청소년 인권 활동가로서 지금, 현실에서 분명히 '정치'를 하고 있다고 느낀다. 내가 생각하는 정치는 잘못된 권력을 휘두르는 자들에게 '개기는 것'이다. 네, 네, 하고 머리를 수그리지 않고 고개를 빳빳이 세우는 것이다. 뻔뻔한 꼰대들이 함부로 설치지 못하게 저항하고 까부는 것이다.

나는 학교에서 침묵하고 방관하라는 메시지를 배웠다. 학교가, 선생님이 내게 방관자가 되라고 가르치다니…. 난 이런 천박한 생존법을 배우려고 학교에 다니나? 뇌 없는 국민, 명령대로만 움직이는 노동자를 만드는 게 교육의 목적인가? 정말 학교가 그런 곳이라면 나는 더 이상 학교에 다니지 않겠다고, 학교에 다닐 이유가 없다고 생각했다.

헌법은, 모든 국민은 교육받을 권리가 있다고 한다. 하지만 그 교육의 내용이 어떤 건지, 교육의 목표가 무엇인지는 써 있지 않다. 내가 생각하기에 교육은 인간이 타고난 장점을 발휘할 수 있도록 도와주고, 사회 공동체에서 건강한 시민으로 살 수 있도록 가르쳐야 한다. 그러나 우리 교육이 '무뇌아'를 생산하는 공정이라면, 나는 교육을 거부하리라고 생각했다. 나는 학교라는 공장에서 찍어 내는 공산품이 되고 싶지는 않으니까.

그러나 나는 학교를 거부하기도 전에 그곳에서 내쳐졌다. 아니, 내쳐진 것이나 다름없다. 교실에서, 친구들 사이에서, 교무실에서 눈엣가시가 되었고 나중에는 투명 인간이 되었다. 돌이켜

생각해 보면 내가 스스로 학교를 나온 것이 아니라, 이런 상황이
다 보니 저절로 그렇게 된 것일지도 모른다.

부모님이 나를 온전히 이해해 주시기 힘들 거라는 건 알고 있
다. 멀쩡하게 다니던 학교를 때려치웠으니 답답하고 황당하기도
하시겠지. 하지만 내가 겪고, 또 견뎌야 했던 시간들이 어떤 것이
었는지 마음을 열고 들어 주시면 좋겠다. 당장은 아니라도 언젠
가는 그런 날이 오겠지.

나도 이 위태로운 시기를 벗어나고 싶다. 하지만 이 과정에서
충분히 느끼고 배울 것이다. 부딪치고 깨지더라도.

우리나라 헌법에서 보장한 '교육받을 권리'를 한번 짚어 보자(헌법 제31조). 헌
법 제31조는 헌법 제2장 '국민의 권리와 의무'에 포함되어 있으며, 모두 여섯 개
항으로 되어 있다. 제31조 제1항은 평등적 교육권을 선언하며, 제2항은 의무 교
육의 범위를 지정한다. 즉 대한민국 국민이라면 최소한 이만큼의 의무 교육을 받
을 권리가 있다는 뜻이다. 제3항에서는 의무 교육에 드는 비용은 '무상', 즉 국가
에서 부담한다고 되어 있다.

헌법 제31조

① 모든 국민은 능력에 따라 균등하게 교육을 받을 권리를 가진다.

② 모든 국민은 그 보호하는 자녀에게 적어도 초등교육과 법률이 정하는 교육을
받게 할 의무를 진다.

③ 의무 교육은 무상으로 한다.

④ 교육의 자주성·전문성·정치적 중립성 및 대학의 자율성은 법률이 정하는 바
에 의하여 보장된다.

⑤ 국가는 평생교육을 진흥하여야 한다.

⑥ 학교교육 및 평생교육을 포함한 교육제도와 그 운영, 교육재정 및 교원의 지
위에 관한 기본적인 사항은 법률로 정한다.

정치적인 낱말들

현서는 이종수 아저씨와 인터뷰를 한 뒤 무지개당에 호기심이 생겼다. 일선도 무지개당 당원이라는 걸 알게 되어 더 궁금해진 건지도 모른다.

'당'이라는 말을 들으면 희한하게도 우리나라 정당보다 북한 공산당, 중국 공산당이 먼저 떠오른다. 우리나라 정당은 툭하면 이름을 바꾸고 뭉쳤다 찢어졌다를 반복하다 보니 당 이름이 귀에 익을 만하면 어느새 사라지기 십상이다. 녹색당, 노동당, 공화당, 민주당, 사민당(사회민주당), 기민당(기독교민주당) 등의 이름은 해외 뉴스에서도 들어 본 듯하다. 그런데 무지개당이라는 이름은 특히 낯설었다. 현서가 무지개당이 정당 이름 같지 않고 예쁘다고 했을 때 종수 아저씨도 같이 웃었다.

"나도 '무지개'가 마음에 들어. 무지개는 각기 다른 색깔이 함께 있잖아. 그렇게 다양한 색깔이 있기에 더 아름답게 빛나는 거고. 우리 사회도 다양한 계급, 다양한 생각과 이념, 서로 다른 정치적인 입장을 존중하며 차별 없이 살 수 있어야 해. 그런 바람을 담아서 당 이름을 지었어. 그런데 사실 지난 선거 전에는 우리 당 이름이 무지개당이 아니었어. 우리나라 정당법에 따르면, 국회의원 선거에서 의석을 얻지 못하고 정당 득표율이 2퍼센트 미만이면 그 정당은 해산되고 당 이름도 일정 기간 동안 사용하지 못하도록 되어 있거든. 그래서 옛날 이름은 버리고 무지개당이라는 새 이름으로 다시 정당 등록을 해야 했어. 법이 잘못됐지, 법이. 우리처럼 당원이 적은 정당은 뿌리내리지도 못하게 하는 잘못된 법이야. 소수 정당을 죽이는 이 조항이 잘못되었다고 위헌 소송을 제기했다고 들었는데 아직은…. 에휴, 난 어디를 가나 힘없고 돈 없는 조직에만 있는 건지….”

이 책을 쓰고 있는데 좋은 소식을 들었다. 종수 아저씨가 이야기한 바로 그 정당법이 2014년 1월 28일, 위헌법률심판에서 위헌 결정이 내려진 것이다. 정당법 제44조 제1항 제3호에 따르면 의석을 얻지 못하고 득표율이 2퍼센트 미만인 정당은 정당 등록을 취소하고, 당명도 일정 기간 동안 쓰지 못하게 되어 있었다.
이에 대해 헌법재판소는 “정당 설립에 대한 국가의 간섭이나 침해는 원칙적으로 허용되지 않고, 일정 수준의 정치적 지지를 얻지 못한 군소정당이라는 이유만으로 정당을 국민의 정치적 의사 형성 과정에서 배제하기 위한 입법도 헌법상 허용될 수 없다.”라며 재판관이 모두(전원 일치) 위헌 결정을 내렸다. 이 덕분에 녹색당 등의 소수 정당은 이름을 바꾸지 않고 계속 쓸 수 있게 되었다. 무지개당은 실제로는 없는 당이지만 위헌법률심판 덕분에 같은 이름으로 오래오래 정치 활동을 할 수 있게 되었다.

현서는 작고, 힘이 없다는 말에 무지개당에 더 끌렸다. 그래서 우리 사회·소수자들의 이익과 목소리를 대변한다는 정당에 보탬이 될 수 있는 방법이 없을까 고민해 보기로 했다.

집에 돌아온 현서는 무지개당 홈페이지에 들어가 봤다. 홈페이지는 단순하고 소박하지만, 알아보기 쉽고 친절했다. 커뮤니티 항목에서 '청년위원회'가 눈에 띄었다. 일선에게 들었던 청소년 인권 활동가 튀남이 활동하는 곳이 여기인가 싶었다. 회원 가입을 하지 않아서 위원회 게시판에는 못 들어갔다.

자유토론 게시판에 있는 글들은 어렵고 딱딱해 보이기도 했지만 어떤 글들은 쉬운 말로 되어 있었다. 다른 건 몰라도 무지개당 홈페이지에서 만난 낱말들은 현서의 일상에선 만나기 힘든 것들이었다. 단어에서 장벽이 느껴지기도 했지만, 그 하나하나가 어떤 뜻을 담고 있는지 궁금하기도 했다.

인권, 탈핵, 정책, 포럼, 의제, 평화, 시장만능주의, 위원, 노동, 진보, 지방 선거, 연대, 이슈, 총회, 대의원, 특검, 부정 선거, 생태, 풀뿌리 민주주의, 탄압, 기자회견, 성명서, 노동조합, 논평, 대변인, 집회, 참여, 여성, 성 소수자, 강령, 당헌, 당규, 토론….

'당최 뭔 말인지 모르겠네. 쩝.'

설문 14

정치는 절망 이다

치킨집 운영자 이은철 (39세)

지금, 이 땅의 정치는 '절망'이다. 희망이 안 보인다.

어린 학생들의 질문에 이런 답을 하는 게 미안하면서도 거짓 희망을 지어낼 수는 없다. 심지어 나는 이 학생들이 이런 질문을 하는 의도조차 의심할 수밖에 없다.

'뭐지? 얘들 뭐야? 왜 이런 조사를 하는 거야? 어떤 목적으로?'

정부는 민간인을 사찰한다. 감시한다는 말이다. 시민이 범죄자냐? 사방에 눈이 있고, 서로가 서로를 감시하고 고발당하지 않을까 두려움에 떤다. 막연한 공포와 두려움은 우리를 목 조르고 정신을 흐리게 한다. 노이로제에 걸린 것만 같다.

주요 신문들은 대기업 소유라서 정치·경제·사회면 등 모든 기사가 그들의 입맛에 맞게 판이 짜인다. 게다가 직업의식이 투철한 기자가 있어서 제아무리 진실을 밝히는 기사를 쓴다 해도 데스크에서 잘린다.

공중파 방송국 사장은 정부와 친한 사람이 낙하산으로 꽂히니, 정부를 비판하거나 잘잘못을 가리는 뉴스 따위는 아예 볼 수 없다. 시민들이 서울광장에 수만 명씩 촛불을 들고나와도 뉴스 카메라는 그곳을 비추지 않는다.

통제된 언론 속에서 양처럼 길들여진 시민들은, 오로지 노동하고 소비하는 인간으로 전락한다. 자신의 시간을 오롯이 노동에 갖다 바치며 그것이 좀 더 안락한 삶, 좀 더 누리는(것처럼 보이지만 사실은 좀 더 소비하고 금세 허무해하는 인간) 삶으로 가는 길이라 믿는다. 자기 자식들은 자기보다 더 낫게 살기를 바라면서 말이다. 그들은 지금 이 자본주의 판에서 자식들에게 가난이 대물림될 수밖에 없다는 것을 믿지 않는다. 그것이 진실이라는 것을 뻔히 알면서도 말이다. 세대를 거듭할수록 빈부의 격차는 더더욱 커지고, 아이들 세대는 불경기와 함께 암울할 뿐이다. 보편적 우울·보편적 절망이 미세 먼지, 스모그처럼 하늘을 뒤덮는다.

통닭이나 튀기고 양념 치킨이나 배달하는 나는 매일 닭들의 명복을 빈다. 그리고 생각한다. 닭들은 한순간 목이 졸린다. 나 역시 어떤 거대한 힘에 의해 목이 비틀린다. 다만 그 힘이 너무 천천히 다가와서 내가 느끼지 못할 뿐이다.

설문 15

정치는 투표부터 이다

약사 정서진 (52세)

우리 약국에 오는 손님들은 다양하다. 해마다 온 가족이 해외 여행을 다니는 풍족한 사람도 있고, 큰 병이 있어도 고작 진통제나 파스 몇 장으로 통증을 달래는 어르신도 있다.

가진 돈이 많든 적든 건강하게 살 권리, 그건 인권이다. 공공 병원을 늘리고 공공 의료 보험을 탄탄하게 하여, 돈이 없어서 제대로 된 치료 한 번 받지 못하고 죽는 일은 없어야 한다. 의료 분야는 공공의 영역으로 지켜야 한다. 세금을 제대로 걷고 제대로 쓴다면 그리 어려운 일도 아니다. 공평하고 평등한 사회로 가는 길이 어려운 것이 아니라, 사람들이 그것에 합의하기가 어려운 것이리라.

나도 안다. 이 세상은 이미 공평하지 않고, 자유롭고 평등하지도 않다. 우리는 '그들'이 원하는 대로 누가 나보다 잘사나 못 사나를 서로 비교하느라 큰 그림을 놓치고 있다. 지금 이 현실을 지배하는 규칙이 과연 옳을까?

우리는 다 같이 잘살고 행복할 수 있는 길을 금지하는 세상에 살고 있다. 우리는 왜 다른 세계를 꿈꾸지 않을까? 꿈조차 꾸지 않으면서 어떻게 꿈을 이룰 수 있을까….

설문 16

정치는 나중에 관심을 두는 게 어떠니?

주부 마윤희 (43세)

아이들이 참 참해 보이네. 우리 애도 비슷한 또래인데. 그런데 정치의식 설문 조사를 한다고? 정치는 왜?

아, 인문철학 동아리. 요즘 아이들은 공부도 많이 하고 아는 것도 많다니까.

난 정치는 잘 모르는데…. 그런 건 정치하는 사람들이 알아서 하겠지.

학생들도 공부하는 데 집중하고, 정치니 뭐니 이런 건 나중에 대학 가서 하는 게 낫지 않아? 학생의 본분은 공부하는 거니까. 열심히 배우고 말이야.

생각이 많아지면 공부하기 어려워. 똑똑한 것도 좋지만 너무 비판적으로 세상을 보면 사람이 삐딱해져. 긍정적인 마음이 제일 중요하지. 세상을 부정적으로만 보지 말고.

음, 그럼 수고. 조심해서 가려무나.

그대가 내민 손

문사철인 아이들은 축제 준비를 하느라 동아리실에서 보내는 시간이 부쩍 길어졌다. 일선도 이전처럼 커피콩당에 자주 들르지는 못했다.

얼추 오늘 할 일이 마무리되어 갈 즈음, 현서는 학습지 숙제가 밀렸다며 먼저 가고, 학원에 가야 하는 아이들도 자리를 떠서 동아리실에는 일곱 명만 남아 있었다.

일선은 책상 밑으로 슬그머니 지갑을 열어 봤다. 종이돈이 꽤 넉넉하게 있었다. 오늘은 친구들과 커피콩당에 가 볼 참이다. 우리가 비록 학생이지만, 억울한 처지에 놓인 카페를 위해 뭔가를 할 수 있지 않을까 하는 생각이 들었기 때문이다. 대단한 일을 하지는 못해도 하다못해 부모님께 알리거나 동네 사람들에게만 알려도 강제 집행을 막는 데 보탬이 될지도 모른다.

"얘들아, 요 앞 카페에 갈래? 내가 음료수 쏠게."

그 말이 떨어지자마자 후배들은 책상을 두드리고, 남자애들 두 세 명은 의자에 뛰어올랐다.

"이얏호~~~~~ 루루루루 키꾸!"

인디언이라도 된 듯 희한한 소리를 내면서 말이다.

"아, 일선이니. 친구들도 왔네. 어서 와."

누군가와 마주 앉아 이야기를 나누던 영신 사장은 일선이 왁자지껄한 무리를 이끌고 들어서자 금세 딱딱한 표정을 풀고 환하게 웃었다. 일선은 2주 만에 카페에 와서 그런지 약간 부끄럽고 어색했다.

"문사철인 친구들이에요. 제가 음료수 쏘기로 했거든요."

"오늘 일선이 뭐 좋은 일 있어? 그런데 지갑은 괜찮겠어? 이번 달 용돈 바로 날아가는 거 아니고? 후후. 와, 학생들이 문사철인이구먼. 우리 가게에서 문사철인이 엄청 유명해. 몰랐지? 우리 손님들은 거의 다 정치 설문을 했거든."

"와, 정말요?"

"킥킥. 사인이라도 해 드릴까요?"

"사인해 드릴 테니까 연예인들이 왔다 간 것처럼 붙이세요."

아이들은 자기들끼리 카페에 와 본 것은 처음이라 마냥 들떴다. 알아서 죽 자리를 잡고 앉더니 왁자지껄 떠들어 댔다. 망고슬러시, 오렌지주스, 녹차라떼, 캐러멜마키아토…. 영신 사장은 차가운 거, 뜨거운 거, 제각각 시킨 음료를 용케 손 빠르게 만들어서 내왔다.

일선은 따뜻한 레몬차를 조심스럽게 마시면서 아이들에게 언제 카페 이야기를 해야 하나 눈치를 살피고 있었다. 꼭 앞에 나가서 이야기를 하는 게 아니라도, 사람들의 주목을 받으며 말하는 것은 언제나 부담스럽다. 가슴이 점점 쿵쾅거리는 게 아무래도 오늘도 목소리가 달달 떨릴 것만 같다.

그때 영신 사장이 다가와서 일선과 친구들에게 눈을 맞췄다.

"저, 잠깐 실례 좀 해도 될까? 부탁하고 싶은 게 있는데…."

작은 행동

영신 사장은 아이들에게 당장 다음 달에라도 카페가 어찌 될지 모르는 상황이라고 입을 열었다. 그러고 나서 임대인과 임차인의 관계, 법적인 문제 등 조금 복잡하고 어려운 이야기를 중학생이 이해할 수 있는 말로 차근차근 설명했다.

"사람들은 모두 달걀로 바위 치기라고 말려. 변호사를 찾아가서 상담도 받았는데 같은 말을 하더라고. 승산이 없대. 이길 확률이 거의 없다는 거지. 그걸 알면서도 포기하지 못하는 내가 어리석다고 생각할지도 몰라."

아이들은 왜 영신 사장이 자신들에게 가게 사정을 시시콜콜 설명하는지 의아한 눈치였다.

"그렇지만 싸우는 것 말고는 나한테 다른 방법이 없어. 내가 일군 가게를, 계약 기간도 못 채우고 쫓겨날 수는 없다고. 보상조차 해 주지 않는데, 그게 법이래. 40년 가까이 살았지만 지금까지는

153

법이 잘못될 수도 있다는 생각은 한 번도 해 보지 않았어. 그런데 이번에 깨달았어. 법도 잘못될 수 있고, 잘못된 법 때문에 피해를 보는 사람이 생긴다는 걸. 그래서 가게를 지키면서 법을 고치는 일도 함께 하려고 해. 그래야 앞으로 나 같은 피해자가 더 생기지 않을 테니까. 참, 그리고 다음 주에 우리 가게 앞에서 기자회견을 할 거야. 다른 피해 상인들과 함께 성명서도 발표하고 상가임대차보호법 문제도 이야기할 거야. 학생들도 와 주겠어?"

영신 사장님과 이야기를 나누던 남자 손님도 나섰다.

"학생들도 여기 커피콩당 단골이신가? 모두 이 동네에 살지? 나도 여기 피우리 마을에 살아. 할아버지부터 아버지, 그리고 나까지 여기서 쭉 살았지. 토박이야. 이 카페, 나도 단골인데 부서지고 쫓겨나는 걸 그냥 지켜볼 수가 없어서 나섰어. 학생들도 이곳을 같이 지켜 줘요. 여기, 손님들과 동네 사람들에게 서명 받는 일도 도와주면 고맙고."

남자 손님이 내민 서명지에는 "커피콩당을 몰아내지 마세요." 라고 쓰여 있었다. 또 개업한 지 얼마 안 되었는데도 집주인의 일방적인 말 한마디에 쫓겨나게 된 사정, 일이 이렇게 억울하게 돌아가게 된 원인, 상가임대차보호법의 문제점에 대한 설명이 적혀 있었다. 일선은 서명지 위에 '커피콩당을 사랑하는 주민대책위원회'라고 쓰여 있는 걸 보고, 그새 커피콩당 사정이 알려져서 손님들과 동네 주민들이 알음알음 힘을 보탰나 보다 싶었다. 설명 밑에는 서명지답게 이름과 주소, 연락처를 적는 칸이 있었다. 일선은 서명지를 받아 들고는 제일 먼저 서명을 했다. 옆에 있던 재인이도 서명지를 이어 받아 적으며 조심스레 물었다.

"그런데 일선 언니, 저희 서명도 효력이 있나요? 저희는 학생이고 아직 미성년이라….."

사실 일선도 자신의 이름을 걸고 지지한다거나 반대한다거나 하며 사회적으로 목소리를 내 본 적이 없었다. 이름을 적을까 말까 망설이던 윤서와 동화도 같은 것을 묻고 싶었는지 고개를 크게 주억거렸다. 일선이 대답을 하지 못하자 남자 손님이 대신 입을 열었다.

"아, 가능해요. 법적인 효력을 발휘하려면 성년이거나 유권자여야 하지만, 이건 커피콩당을 지키려는 의지를 보여 주는 거니까 나이는 문제가 안 돼요. 서명해 준 건 기자회견 때 보도자료로 활용하고 집주인에게도 전달할 거예요."

영신은 이 남자 분이 커피콩당 단골이면서, 같은 상인 피해자라고 소개했다. ○○동에서 곱창집을 열었는데 1년도 채 안 됐을 때 상가 주인이 건물을 리모델링한다며 당장 나가라고 했다고 한다. 그래서 지금은 법적인 절차를 밟고 있단다. 이대로라면 전 재산을 털어 시작한 가게에서 아무런 보상도 받지 못하고 쫓겨나게 생겼다고 했다. 같은 처지에 있는 커피콩당을 나 몰라라 할 수 없어서 장사하는 틈틈이 와 본다고도 했다.

"같이 가는 거지. 그게 연대하는 거고, 힘을 모으는 거니까."

'연대?'

아이들은 그 이름을 듣는 순간 동명의 명문대를 떠올렸다. 영신 사장님도 아이들의 눈빛에서 어리둥절한 기색을 읽었다.

"푸핫! 그 연대가 아니고, '연대하다'의 연대. 솔리대러티 (solidarity). 노동자들의 연대, 민중의 연대…. 가슴 설레는 말, 연대를 모르다니…. 아쉽군!"

일선은 서명지가 도는 동안 문사철인 아이들에게 카페에 처음 온 날 이야기를 했다. 현서와 함께 정치 설문을 하러 왔고, 이곳에서 영신 사장과 이종수 아저씨를 만났다는 것. 또 이들과 나눈 이야기도 간략히 소개했다. 사랑받는 가게는 주인 한 사람만의 것이 아니라 이곳을 지나가는 행인들과 손님들, 동네 사람들이 함께 즐거움을 나누는 행복한 공간이라는 것. 그래서 자신도 이 카페를 지키고 싶다고 했다. 강제 집행, 강제 철거라는 끔찍한 폭력이 우리 마을에서 벌어지는 것을 보고만 있을 수 없다고, 커피 콩당을 지키기 위해 문사철인의 이름으로 함께 할 수 있는 일이 있을 것 같다고도 했다.

"……."

일선은 친구와 후배들이 호응하지 않더라도 섭섭하지 않다고 (섭섭해하면 안 된다고) 스스로를 다독였다. 일선에게는 무척 길게 느껴진, 하지만 1분도 안 되는 침묵을 깨고 재인이 외쳤다.

"문사철인의 이름으로! 이거 완전 멋진걸요? 문사철인의 이름으로… 너를 응징하겠다?"

"푸하하하하!"

다들 떠들썩하게 웃어 젖혔다.

"우리, 전단지 만들어서 지나가는 사람들에게 나눠 줄까요?"

"사장님, 서명지 더 주세요. 저희 엄마한테 말씀드려서 아파트에서도 받아 올게요."

"이건 어때요? 기자회견에서 우리도 발언하는 거예요."

아이들은 신이 나서 저마다 한 가지씩 아이디어를 자랑하기 시작했다. 아이들의 웃음소리와 큰 목소리가 카페를 채웠다. 즐거운 에너지가 파장이 되어 울리는 듯했다.

머릿속 바람

일선은 수업에 통 집중을 할 수가 없었다. 가슴이 쿵쿵 뛰고 심장이 쪼그라드는 것 같았다. 온몸의 신호가 다 켜져 경계경보를 울렸다.

조금 전, 음악 시간이 되어 음악실로 이동하고 있는데 복도에서 마주친 담임 선생님이 일선을 불러 세웠다.

"차일선, 무슨 당에 가입했어? 학생이 웬 정당 가입이야? 머리에 바람만 들어 가지고. 너, 요즘 해이해진 것 같더니 그래서 그런 거니?"

담임은 인주처럼 새빨간 립스틱을 바른 입술을 앞으로 쭉 내밀고 말했다.

"이따 종례 끝나고 교무실로 좀 와!"

학교에서 무지개당에 가입한 걸 알게 될 수도 있다고 생각했다. 문사철인 친구들에게 무지개당 당원이라고 말을 했으니까.

언젠가는 선생님과 학교도 알게 되어 무지개당에 대해 물어볼지도 모른다고 생각했다. 학생이 정당에 가입하는 건 흔한 일은 아니니까 말이다. 청소년, 특히 학교에 다니는 청소년은 더더욱 자유를 제약당하는 일이 많으니 정당에 가입한 것에 대해 확인할 수는 있다고 생각했다. 하지만 이런 식은 아니다. 마치 큰 죄를 지은 것처럼 이렇게 교무실로 불려 올 줄은 몰랐다.

'근데 내가 무지개당에 가입한 건 어떻게 알았을까? 뭐지? 나 감시받고 있나?'

일선은 교무실 문 손잡이를 잡으며 자기 최면을 걸었다.

'난 잘못한 거 없어. 잘못한 거 없어.'

담임 선생님 자리로 다가간 일선은 쭈뼛쭈뼛하며 인사를 했다.

"아, 안녕하세요."

적당한 인사가 아니라고 생각했지만 달리 할 말이 떠오르지 않았다. 일선은 교무실에 심부름도 자주 오고, 작년에는 교무실 청소 당번이 되어 이곳을 자주 드나들었지만 오늘처럼 떨리고 마음이 무거운 건 처음이었다.

담임 선생님은 눈을 컴퓨터 모니터에 고정한 채 교무실 벽을 손으로 가리켰다. 벽에 기대어 있는 간이 의자를 들고 오라는 거다.

"차일선, 너는 어쩌다가 카페 일에 엮인 거냐?"

담임 선생님의 목소리는 아까 복도에서 만났을 때처럼 시비조는 아니었다. 오히려 목소리를 착 낮추고 나긋나긋하게 말했다.

담임 선생님이 말하기를, 어제 학교로 항의 전화가 걸려 왔다고 한다. 그 사람은 며칠 전, 피우리중학교 교복을 입은 학생들이 커피콩당 앞에서 1인 시위를 하고 인쇄물도 돌리는 모습을 봤다고 했단다. 그러면서 왜 학생들이 개인 간의 분쟁에서 한쪽 편만 들고, 집주인을 나쁜 사람으로 모느냐며 화를 냈다고 한다. 교감 선생님이 전화를 받았는데, 상대방이 흥분한 상태라서 일단 가만히 이야기를 듣고 학교에서 알아보겠다고 한 뒤 전화를 끊었다고 한다.

그러고 나서 사실을 알아보기 위해 카페에도 찾아가 보고 학생들에게도 물으니 문사철인 아이들이 며칠 전 카페에 갔었고, 거기에서 1인 시위도 했다는 걸 확인했다고 한다. 그래서 지금 일선이 교무실에 불려 온 거고.

"지금 학생부장 선생님은 물론이고 교감 선생님까지 나서셨어. 일선이 네 덕분에 나한테까지 불똥이 떨어졌잖니. 계속 회의하고 보고서 쓰게 생겼어, 집에도 못 가고 말이야. 우리 학교에서 카페 출입을 규제하는 거 몰랐니? 너 같은 범생이 그런 것도 몰랐다니 좀 그렇구나. 게다가 오늘은 학교로 또 다른 학부형이 전화를 했어. 네가 정당에 가입했다는데 학교에서 이런 걸 용인해 주느냐며 따지셨지. 이것도 우연이냐?"

그 제자에 그 선생

민경 선생님은 창백한 얼굴로 비척거리며 교무실을 나서는 일선과 마주쳤다.

"일선아, 무슨 일 있니? 왜 그래?"

"아, 아니에요."

생각지도 않게 민경 선생님을 만난 일선은 황망하고 서러운 기분이 광속 3D 입체로 몰려왔다. 그렇지만 교무실 앞에서 그 상황을 구구절절이 설명하고 있을 수도 없어서 마음을 추슬렀다. 얼른 자리를 뜨고 싶은 마음뿐이어서 후딱 몸을 돌려 종종걸음을 쳤다. 서너 발짝을 뗀 뒤에야 민경 선생님께 인사를 했어야 했다는 생각이 들었지만 이런 때 "안녕히 계세요."라고 해야 할지 "고맙습니다." 아니면 "죄송합니다."라고 해야 할지 알 수 없었다. 그도 아니면 "잘못했습니다?"

교무실에 들어간 민경 선생님은 일선이처럼 학생부장 선생님과 교감 선생님 앞에 불려 가야 했다. 학생부장 선생님은 민경 선생님에게 일선이 정당에 가입한 사실과 카페 문제에 개입한 것을 아느냐고 물었다.

"차일선이라는 학생이 건물주와 세입자의 분쟁에 개입했다고 들었습니다. 교감 선생님과 제가 이 사건을 조사했습니다. 차일선 학생 말고도 문사철인 학생들이 관련되어 있는 것 같던데요. 아마 차일선 학생이 선동했겠지요. 이 학생이 아까 무지개당에 가입했다는 것도 인정했다더군요."

민경 선생님은 학생부장 선생님의 말에 심장 박동 수가 두 배로 올라갔다. 무슨 일인지는 잘 모르겠지만 학생들이 카페를 지키려고 나선 일이 '개입'이고 '사건'인가? 여기가 교무실 탁자가 아니라 경찰서 강력계 취조 탁자란 말인가.

학생부장 선생님 말에 따르면 모든 문제는 일선이 정치적으로 아이들을 선동해서 동네 카페 일에 동아리 아이들까지 끌고 들어가서 생긴 일이라고 했다. 그리고 이것은 지역 사회에서 우리 학교의 위신을 떨어뜨리는 일이며, 다른 학부모들이 '불순하다'며 반발하고 항의할 거라고 했다. 실제로 자신도 학교로 항의 전화가 와서 이 일을 알게 된 거라며 말이다. 사건의 내용은 대충 이러하니, 우리는 교육자로서 일단 아이들이 그 가게 일에 다시는 관여하지 못하게 단속을 하고, 일선이라는 학생이 차후에 또 어떤 선동을 할지 모르니 잘 지켜봐야 한다. 또 살살 달래어 정당도 탈퇴시켜야 한다고 했다.

민경 선생님은 일단 아무 대꾸도 하지 않고 학생부장 선생님이 하는 말을 고스란히 듣고 있었다. 앞뒤 상황을 모르니 말을 아낄 수는 있었다. 그렇지만 얼굴이 카멜레온처럼 붉으락푸르락 하는 것까지 감출 수는 없었다. 그걸 눈치챘는지 교감 선생님이 느긋한 목소리로 능치듯이 밀고 들어왔다.

"철 모르는 아이들이 어른들 일에 끼어든 것 같은데요. 그렇지 않습니까? 순진한 우리 애들이 뭘 알겠어요. 선생님께 뭐라고 하는 게 아니라 아쉬워서 하는 말입니다. 김민경 선생님이 좀 더 애들 단속을 하셨어야 하지 않나 하고요. 그 동아리 이름이 문사철인이라고요? 허…. 참."

민경은 일단 폭발하기 전에 일선과 문사철인 아이들의 말을 들어 보기로 했다. 폭발은 필요할 때, 나중에라도 하면 되는 거고.

"네, 선생님들 말씀 잘 알겠습니다. 일단 저도 학생들에게 자초지종을 들어 보겠습니다. 우리 학교 학생들, 특히 문사철인 학생들이야 워낙 똑 부러져서 딱히 제 '관리'가 필요할 것 같지는 않습니다만…. 젖 먹는 아기들도 아니고요. 그래도 학교 밖에서 벌어진 '사건'이라면 그냥 넘어갈 수는 없지요. 저도 나름대로 '조사'를 해 보겠습니다. 그럼…."

민경은 일부러 '관리'와 '조사'라는 말을 어금니를 물고 꼭꼭 밟듯이 발음했다. 학생부장 선생님과 교감 선생님은 아직 할 말이 잔뜩 남은 듯했지만 민경 선생님은 장딴지에 힘을 주고 후딱 일어서더니 자기 자리로 휙 돌아가 버렸다. 돌고래보다 지능이 높은 사람이라면 누구나 민경의 목소리가 심히 뒤틀리고 비꼬는 말투라는 걸 알 터였다.

학생부장 선생님과 교감 선생님이 서로 눈을 맞추며, 뭔가 무례하고 불쾌하지만 딱히 지적하고 교정을 요구할 수 없는 자신들의 처지를 공감했다. 두 사람 머릿속에 김민경 선생님이 이전에 있던 학교에서의 별명이 '싸움닭'이었다는 게 떠올랐다. 교감 선생님은 쓴 입맛을 다시며 하지 않았어야 좋을 말을 웅얼거렸다.

"김 선생도 전에 비하면 많이 유순해졌다더니…. 쳇! 뭐, 다 헛말이었구만."

찻잔 속의 허리케인

"선배, 저기요….'

일선이 동아리실 책상에 타조처럼 얼굴을 콕 박고 엎드려 있는데 재인이 어깨를 두드렸다.

"일선아, 나랑 잠깐 이야기할 수 있니?"

부스스 고개를 들어 뒤를 보니 뒷문에서 민경 선생님이 쳐다보고 있었다. 아직 마음이 진정되지 않은 일선은 민경 선생님을 똑바로 보지 못했다.

재인은 아까 일선이 동아리실에 들어오자마자 쓰러지듯이 책상에 엎어지는 걸 보고 뭔가 이상하다고 생각했다. 하지만 차마 말도 걸지 못하고 곁에서 조용히 숨만 쉬고 있었다. 그런데 민경 선생님까지 굳은 얼굴로 들어오는 걸 보고는 "선생님, 선배. 저 집에 갈 시간이 되어서요…." 하고 눈치 빠르게 자리를 피했다.

민경은 일선 옆에 접이의자를 펼쳐 놓고 바짝 다가가 앉았다.

"놀랐지? 괜찮니?"

민경 선생님은 일선에게 왜 그랬느냐고 다짜고짜 묻지 않았다. 일선에게 괜찮냐고 물었다. 단 두 마디 말이었지만 일선의 오그라들었던 심장이 조금은 펴지는 것 같았다.

일선은 모범생으로만 살아와서 야단맞고 혼나는 깡다구는 전혀 없었다. 담임 선생님이 자신을 가리켜 해이해졌다느니, 딴 데정신이 팔려 있다느니 하며 함부로 이야기하는 데에도 질려 버렸지만 학생부장 선생님과 교감 선생님이 카페 일, 그리고 자신이 무지개당에 가입한 것까지 속속들이 알고 있다는 사실에 혼이 싹 달아나도록 놀랐다.

"무슨 일이 있었는지 이야기해 줄래? 어떤 일인지 알면 나도 도울 수 있을 거야."

일선은 민경 선생님에게 맨 처음 카페에 갔던 날부터 카페의 사정, 영신 사장이 법과 제도에 맞서려는 이유, 문사철인 아이들과 함께 카페에 간 일, 거기에서 카페 철거 반대 서명을 했던 일 등을 털어놓았다. 며칠 전에는 현서, 그리고 후배 몇 명과 함께 카페 골목과 근처 상가를 돌면서 강제 철거의 부당함을 알리는 종이를 나눠 준 것도 이야기했다.

"선생님, 잘 모르겠어요. 제가 뭘 잘못한 건가요?"

"음⋯. 무지개당은? 무지개당 당원이니?"

"6학년 때 가입했어요. 어렸을 때 엄마가 제 이름으로 위안부 할머니들이 계신 '나눔의 집'에 쭉 후원금을 내셨거든요. 그런데 용돈을 받으면서부터 엄마가 "이제 너도 컸으니까 후원도 직접 하고, 네 생각과 같은 시민 단체나 정당이 있으면 가입해 봐."라고 하셨어요. 그래서 무지개당에 가입했어요. 엄마가 먼저 당원에 가입하셔서 몇 번 모임에 따라갔었거든요. 저도 무지개당이 말하는 것들이 꼭 이루어졌으면 했어요. 그래서 가입한 거예요. 별 활동은 안 하지만 당비를 내는 것만으로도 보탬이 될까 해서요."

"그렇구나. 어유, 참⋯."

민경은 자신도 모르게 한숨이 나왔다.

교감 선생님을 비롯한 몇몇 선생님들이 학교가 뒤집힐 것처럼 야단이더니. 자신이 좋아하는 가게를, 마을의 이웃을 지켜 주려고 행동한 것이 무엇이 문제란 말인가. 게다가 그 행동을 한 학생이 우연히 무지개당 당원이라는 걸 억지로 연결시켜서 무슨 대단한 음모라도 있는 것처럼 호들갑을 다 떨고. 자신까지 덩달아 호떡집에 불난 것처럼 심장이 벌떡거렸던 게 부끄러웠다. 찻잔 속의 태풍, 소용돌이에 불과한 것을. 하지만 방심하기는 이르다. 어차피 학교는 그 찻잔 속에 있으며 자칫하면 소중한 아이들이 탄배가 그 태풍에 뒤집힐 수도 있다.

민경은 일선의 어깨에 털썩 손을 얹으며 호기롭게 말했다.

"쫄지 마, 일선아! 별일 없을 거야."

처벌로써 교육하리

민경 선생님의 쭐지 말라는 격려가 무색하게도 학생부장 선생님의 머릿속에서 전개되는 시나리오는 일선과 문사철인에게는 매우 위협적인 것이었다.

일선과 문사철인이 카페 철거 반대 운동에 나섰다는 이유로 상벌위원회가 곧 구성될 예정이었다. 학교폭력위원회만큼이나 이름부터 으스스한 상벌위원회는 대부분 해당 학생의 징계가 거의 예정된, 꽤 중대한 사건일 때 열린다. 학교는 이 일을 심각하게 받아들인다는 뜻이기도 했다. 그것도 아주아주 심각하게.

피우리중학교 2014년 학교규정집 〈학생선도규정〉에 따르면 3장 9조에 징계의 세 가지 종류가 나오는데 단계별로 교내봉사, 사회봉사, 특별교육이 있다. 징계 기준표에 따르면 일선과 문사철인 아이들의 행동은 집단행동에 해당한다. 집단행동의 61항은 정치에 관여하거나 학생 신분에 어긋난 행동을 한 학생은 '특별

교육 처분'이라고 친절하게 안내되어 있다. 과연 이 항목의 '정치 관여'를 어떻게 해석할 거냐의 문제가 남아 있기는 하지만 특별 교육기관에 가서 위탁 교육을 받거나 상담을 받아야 할지도 모른 다니, 이건 쫄고도 남을 일이다.

교장실의 공기도 아주아주 심각했다. 지금 교감 선생님이 교장 선생님에게 지역 문제의 '정치적 사안'에 우리 학교 학생이 관련 되어 있다는 보고를 하는 중이다.

카페에 관한 이야기를 들은 교장 선생님은 김인용 학부모 운영 위원장이 퍼뜩 떠올랐다. 어쩌면 그 카페가 있는 건물이 운영위 원장 소유의 건물일지도 모른다는 생각이 들었다.

'만일 그렇다면 내 입장이 정말 난처해지겠는걸.'

교장 선생님은 푹신한 가죽 의자에서 몸을 일으켰다. 그러고 나서 결단을 내렸다는 듯 매끄러운 팔걸이를 힘껏 내리쳤다.

"허, 참…. 교감 선생님이 자세히 조사 좀 해 보세요. 문사철인 이 정치적인 활동을 한다면 즉각 중단시키시고요. 정말 골칫거리 네요."

전화벨에 놀란 가슴

가장 정신없고 바쁜 서류 마감 시간에 일선 엄마의 휴대폰이 울렸다. 휴대폰 창에 '담임 선생님'이라고 뜬 것을 본 일선 엄마는 화들짝 놀랐다.

'담임 선생님? 무슨 일이지? 애가 다치기라도 했나?'

지금은 수업 시간일 텐데, 얼마나 다급한 일이면 낮 시간에 학교에서 전화가 걸려 올까 싶어서 가슴이 두방망이질 쳤다. 체육 시간에 일선이 다치기라도 한 것은 아닌지, 괜히 가슴이 벌렁거렸다.

일선 엄마는 일선이 8개월 갓난쟁이일 때부터 맞벌이를 했다. 그런데 어린이집이나 학교에서 회사로 부모에게 전화를 하는 건 안 좋은 일일 때가 많았다.

"미끄럼틀에 올라가다가 쇠로 된 봉에 부딪혔어요."

그래서 제 새끼손톱만큼이나 될까 한 젖니가 빠지기도 했다.

"놀이 시간에 마구 달리다가 친구랑 부딪혔어요."

신나게 놀다가 친구랑 부딪혀서 눈썹 근처가 찢어지기도 했다.

아이들이 놀다 보면 이렇게 저렇게 다칠 수도 있지만, 전화로 다쳤다는 소식을 전해 듣는 엄마는 늘 마음이 안 좋았다. 아이가 아픈데 당장 달려갈 수도 없었다. 수화기 너머로 엉엉 우는 소리만 듣고 끊을라치면 얼마나 마음이 안 좋은지 모른다. 선생님은 그런 엄마 맘을 짚어서, 응급 처치를 하고 난 후 "그렇게 울어 젖히다가 지금은 언제 그랬냐는 듯 방긋방긋 헤 웃어요." 하고 연락을 줬다. 그래도 엄마는 아이에게 영 미안하고 가슴 한쪽이 쓰렸다.

일선은 이제 그렇게 만날 무릎이 까지고 넘어지고 자빠지는 까불이가 아니다. 그런데도 학교에서 전화가 걸려 오니 덜컥 가슴이 내려앉았다.

"안녕하세요, 일선 어머니시죠. 일선이 담임입니다."

선생님 목소리를 들으니 그렇게 심각한 일은 아닌 모양이다. 이번 주에 시간을 좀 내어 학교에 잠깐 와 달라고 한다. 그런데 무슨 일 때문인지는 알려 주지 않았다. 왠지 마음이 찜찜했다. 일선 엄마는 평소 캐묻는 걸 좋아하지 않지만 이번엔 그냥 끊을 수가 없었다.

"저, 그런데 무슨 일로⋯."

"아, 별일은 아닌데요. 일선이에 대해 상담 드릴 게 있어서요."

"상담이요?"

학부모 상담 주간은 이미 지났다. 성적이나 고등학교 진학 문제 때문도 아닌 듯하다. 그런 거라면 가정통신문으로 알려 왔을 거다. 일선 엄마가 의아해하는 것을 눈치챘는지 담임 선생님도 느적느적하며 말을 잘 잇지 못한다.

"저, 그게 지금 전화로 길게 말씀을 드리기는 좀 그런데…. 일선이가 동아리 활동을 하는 거 아시죠? 문사철인이라는 동아리인데요. 거기서 후배들을 선동하고 정치적인 행동을 한 것 같습니다. 학교에서 그 사실을 알게 되어 내용을 조사 중이고요. 그래서 어머님을 뵙자고…."

이게 무슨 소리인가. 정치적인 행동? 후배들을 선동?

눈앞이 흐릿해지는 것 같았다. 갑자기 허둥지둥하게 되고 선생님이 수화기 너머에서 무슨 말을 하는지 잘 들리지 않았다. 일선 엄마는 얼결에 예, 예, 예 했다. 선생님은 황급하게 통화를 끝내려 했다.

"아무튼 그럼 내일 오후에 교무실에서 뵙겠습니다."

일선 엄마는 마무리할 일이 많았지만 집중을 할 수 없었다. 팀장의 눈치가 보이기는 했지만 야근을 한다고 해도 몸만 회사에 있을 뿐 일이 손에 잡히지 않을 것 같아서 칼퇴근을 했다. 다른 날보다 일찍 회사를 나서면서도 발걸음이 무거웠다. 하늘은 높고 선선한 바람이 불건만 서쪽 하늘을 물들인 붉은 노을이 서러워 보였다.

"일선아, 저녁 먹지 말고 기다려. 엄마가 오늘은 빨리 갈 테니까. 맛있는 거 사 갈게."

매일 혼자 저녁을 먹던 일선은 엄마의 전화를 받고 배고픈 것을 꾹꾹 참았다. 허기를 달랠 것이 없나 냉장고를 뒤져 봤다. 우유 말고는 눈에 띄는 게 없다. 그래서 별로 좋아하지도 않는 우유를 두 잔이나 따라 마셨다.

엄마를 기다린 보람이 있었다. 엄마는 일선이 좋아하는 일식집에 들러 초밥이랑 우동을 포장해 왔다. 맛있는 음식 덕분에 일선은 잠시나마 마음이 가벼워졌다. 매도 먼저 맞는 게 낫다 싶어서 일선이 먼저 말을 꺼냈다.

"엄마, 선생님 전화 받았지?"

"응. 담임 선생님이 전화하셨더라. 선생님은 되게 심각하게 이야기하시던데…. 무슨 일이야? 엄마는 너한테 먼저 이야기를 듣고 싶어."

엄마는 자못 쿨했다. 엄마가 버럭 화를 내거나 다짜고짜 야단부터 칠지도 몰라서 나름 어떻게 말을 꺼내나 계속 고민했다. 이렇게 잔잔하게 시작하는 시나리오는 미처 짜지 못했는데 어쩌나 싶었다. 일선은 어깨를 한 번 들썩하고는 차근차근 이야기를 시작했다.

이야기를 다 듣고 난 엄마는 아리송한 표정을 지었다.

"그게 다야?"

일선은 병아리처럼 고개를 까딱까딱했다.

"정말 그게 다야? 그런데 그게 왜 문제야? 무지개당 가입이 문제라고 하대? 카페 철거 반대 운동을 한 게 문제라고 하대?"

"둘 다인 것 같던데."

"말도 안 된다. 그게 왜 문제가 되지? 지금이 유신 정권 때도 아니고…."

"확실한 건 아닌데… 어쩌면 이번 일 때문에 동아리도 없어질지 모른대."

"문사철인을 없앤다고? 왜? 말도 안 돼. 엄마, 멘붕이다."

"엄마, 멘붕은 내가 멘붕이야. 문사철인 없어지면 그게 나 때문인데…. 그럼 정말 큰일이잖아."

"엄마는 이해가 안 되는구나. 내일 선생님 만나서 자세한 이야기를 들으면 좀 낫겠지. 어유…."

학교는 일선에게 잘못했다고 말하지만 엄마도 민경 선생님도 잘못한 것이 없다고 했다. 가슴을 짓누르던 돌덩이 중에서 적어도 하나는 덜어 낸 것 같았다. 제주도 돌담처럼 완고하고 무거운 돌탑들, 그중에서 하나를 내리는 것. 그것만으로도 조금은 웃을 수 있었다. 봄볕 한 줄기가 새어든 듯 가슴이 아주 조금 따뜻해졌다.

법대로 합시다

피우리중학교 본관 1층 교무실 옆에 딸린 회의실. 창가를 향해 길게 놓인 탁자 머리 쪽을 차지하고 앉은 교장 선생님과 학생부장 선생님 모습이 보인다. 맞은편 탁자 끝에는 풍채 좋은 학부모운영위원장이 있다. 각진 가죽 소파를 가득 채운 몸이 몹시 불편해 보인다.

오랜만에 차려 입은 정장이 어색한 어머니 학부모 위원 세 사람은 약속이나 한 듯 무릎 위에 명품 핸드백을 가지런히 놓고 그위에 얌전히 손을 얹고 있다. 위태로운 구명보트 위에서 균형을 잃지 않으려 애쓰는 사람들처럼 푹신한 소파에 등을 기대지 않고 허리를 곧추 세우고 있다. 그래도 1학기 마지막 운영위원회를 마친 직후라 다들 입가가 느슨해졌다. 형식적이고 엄숙한 회의가 사람들이 숨 쉬는 것도 통제했던 듯, 가운데 앉은 학부모는 어깨를 푹 떨어뜨리며 대놓고 한숨을 내뱉었다.

"예, 한 학기 동안 정말 수고 많으셨습니다. 바쁘신데 이렇게 시간 내주시고 매달 회의에 참석해 주셔서 고맙습니다. 운영위원장님, 특히 고맙습니다."

서로 수고를 치하하고 웃는 낯으로 인사를 나눴다. 갑자기 더워진 날씨 이야기, 피우리중학교의 큰 자랑인 어여쁜 화단에 대한 이야기까지 나오자 이야기 밑천이 똑 떨어졌다. 살짝 어색한 침묵 1~2초가 흘렀다. 사람들의 시선은 회의실 창가에 있는 행운목 이파리와 시들한 난 화분 사이에서 덧없이 방황했다. 그때 김치현의 아버지, 김인용 학부모 운영위원장이 소파에 꽉 끼어 있던 몸을 일으켜 탁자 쪽으로 기울였다. 거대한 몸과 소파가 부딪히며 우스꽝스러운 마찰음을 냈다. 회의실에 있던 모든 사람이 운영위원장을 쳐다봤다.

"저기, 우리 학교 학생들이 무슨 정치 활동인가를 했다고 하대요. 제가 제대로 들은 겁니까, 교장 선생님?"

갑자기 학부모들의 눈이 빛나며 한마디씩 말을 보탰다.

"아, 정당 가입한 학생이 나서서 후배들을 선동하고 다녔다면서요. 동네 카페 관련해서 시위도 벌이고 난리도 아니었다는데…. 소문이 사실인가요?"

교장 선생님이 양복 주머니에서 손수건을 찾기 시작한 건 더위 탓만은 아니리라.

"아, 그 학생이 그렇게 큰일을 벌인 건 아니고요…. 어머님들이 어디서 무슨 말씀을 들으셨는지 모르겠지만 생각하시는 것처럼 그런 일은 아닙니다. 저희도 그 학생을 불러서 조사하고 있습니다만 걱정하실 정도의 문제가 아니에요."

갑자기 발끈한 학부모들 앞에서 학생부장 선생님이 최대한 침착하게, 대수롭지 않은 일이라는 인상을 심어 주기 위해 노력하며 설명한 내용은 다음과 같았다.

본교 3학년 모 학생이 동네 카페에서 주인과 손님으로 만났다. 그 가게가 임대차 분쟁에 놓여 있었다. 카페 주인은 가게를 지키기 위해 기자회견도 하고, 구청 앞 1인 시위도 하고, 법 개정 운동을 하는 등 다방면으로 노력을 하고 있었다. 본교 학생은 주인과 친분이 있다 보니 어느 날 하루, 딱 한 번 가게 앞에서 전단지를 나눠 줬다. 교복을 입고 있어서 그 모습이 금세 눈에 띄었는데 그게 학부모들 사이에서 잘못 전해지고 부풀려졌다. 그 학생이 정당에 가입한 건 사실이지만 이번 일과는 별로 관계가 없다. 그 학생이 후배들을 선동했다는 것도 부풀려진 것이다.

결론. 그러니 학부모들은 걱정하실 것 없다.

"그런데 학생부장 선생님, 이게 그렇게 간단하게 넘어가도 되는 일인지 모르겠네요. 그 학생을 타이른다고 끝날 문제가 아닌 것 같아요. 중학생이면 한참 공부에 집중해야 할 시기가 아닌가요. 민감하고 친구들에게 영향을 받기도 쉬운 나이지요. 그런데 한 친구가 현실 문제, 사회 문제에 그렇게 적극적으로 나서는 모습을 보면 아이들이 물들지 않겠어요. 뭐, 우리도 80~90년대에 대학을 다닌 사람들이고 사회적 의식이 없는 사람들도 아닙니다. 그렇지만 그런 문제는 어른이 되어서, 대학에 들어간 후에 관심을 가져도 늦지 않는다고 봐요."

"맞아요. 일단 애들이 어른들 다니는 카페에 출입하는 것도 그렇고, 정당에 가입한 것도 학교 규칙을 어기는 거죠. 학교에서 정한 것을 하나씩 하나씩 이렇게 무시하고 어기면 규칙을 잘 지키는 나머지 아이들은 뭐가 되나요? 그 학생에 대해 어떤 조치든 취하셔야 하는 것 아닌가요."

학부모들은 '모' 학생을 공격하는 데에 열을 올렸다.

"아, 맞는 말씀입니다. 예, 예…. 그런 면이 없지 않지만요…."

학생부장 선생님은 며칠 전 그 '모' 학생과 대면하며 자기가 했던 말과 똑같은 말을 늘어놓는 학부모들에게 본의 아니게 '모' 학생을 두둔해 주는 자신의 모습이 왠지 처량하게 느껴졌다. 자기보다는 한결 느긋하게 처신할 수 있는 학교장이라는 자리가 까마득하게 높아 보이기도 했다.

자기가 던진 말에 피라니아처럼 달려들어 열띠게 물어뜯는 것을 흐뭇하게 바라보던 운영위원장은 점잖게 한마디로 쐐기를 박았다.

"제가 이 지역 상인회·상가회 인맥이 좀 있습니다. 그 사람들이 없는 이야기를 한 건 아니었군요. 우리 치현이랑 같은 학교 학생이 연루되었다니 안타깝네요, 참. 그래도 아직 학생이니까 실수도 하고 거기서 또 배우기도 하고 그러는 거겠죠. 그러니 우리

어른들이, 선생님들이, 학생들을 잘 가르치고 이끌어야 하지 않겠습니까. 그게 우리의 의무고 책무겠지요. 법이 좀 미비한 데가 있어도 지켜야지요. 법에서 상가를 비워 주라고 하면 비워 주고 그래야지. 자기한테 유리하게 빠져나갈 궁리만 하고 말이죠. 에, 그러면 안 됩니다. 학생이라면 학교의 교칙을 따르는 게 당연하고요. 법대로 해야지요. 법이 있는데도 지키지 않으면 사회 질서가 흐트러집니다. 그래서 법을 어기면 법에 따라 벌을 받아야 하는 거고요. 허허허. 안 그렇습니까, 여러분?"

나의 가장 나아종 지닌 것

일선이 방 프린터는 아까부터 드륵드륵 열심히 인쇄 중이다. 일선이 인터넷에서 찾은 학생인권 관련 자료들을 부지런히 뽑고 있기 때문이다. 다음 주가 기말고사 기간이라 교과서와 문제집을 붙들고 있어야 할 시간이지만 지금 일선에겐 시험이 문제가 아니었다. 자신은 물론이고 문사철인도 한 치 앞을 내다볼 수 없을 만큼 위태로운 상황이기 때문이다.

컴퓨터 책상 옆 방바닥에 엎드려 있는 현서는 문제집을 펼쳐놓고 있긴 하지만 한 문제도 풀지 못했다. 정신이 사납기도 하고, 일선이 힘들어하고 있는데 문제집이나 들여다보고 있으면 되나 싶은 생각이 들기도 했기 때문이다. 차라리 잠깐이라도 집에 가서 집중해서 시험 준비를 하고 다시 일선에게 올 수도 있겠지만, 그냥 곁에라도 있고 싶었다.

"일선아."

"응?"

일선은 컴퓨터 화면에서 눈을 떼지 않은 채 건성으로 답했다.

"문사철인 진짜 없어질까?"

사실 문사철인은 둘째 문제고 일선이 학교에서 징계를 받으면 어쩌나, 그것이 더 궁금하고 걱정됐지만 차마 일선에게 직접 물어볼 수는 없었다. 그래서 현서는 에둘러 문사철인 이야기를 끄집어낸 것이다. 일선이라고 뾰족한 답이 없다는 걸 알지만 속이 답답하니 이야기라도 해야 했다.

"없어지면 안 되지."

일선의 다부진 대답을 들으니 지금의 걱정이 기우에 지나지 않을 거라는 희망 비슷한 게 꼬물거렸다. 일선은 현서의 마음을 알아채기라도 한 듯 한마디를 더했다.

"문사철인도 그대로 있을 거고, 카페도 그 자리에 계속 있을 거야. 잘못이 없는 사람들이 왜 내몰려야 해? 그건 아니잖아."

"오오오, 센데? 소심한 차일선 씨는 어디 가셨소용? 어디 인터넷에서 근자감(근거 없는 자신감)이라도 득템하셨나요? 큭큭큭."

일선은 밝은 빛이 도는 얼굴로 현서를 돌아봤다.

"그치? 네가 봐도 내가 달라졌지? 나도 신기해. 처음 교무실에 불려 갔을 때는 완전 쫄았어. 징계 먹으면 어쩌나, 학교에서 잘리

● 김현승 시인의 시 〈눈물〉 중 한 구절.

는 건 아닌가, 엄마한테는 뭐라고 말하지? 뭐, 이런 것들 말고는 아무것도 생각할 수 없었어, 무서워서. 그런데 한 발짝 떨어져서 보니까 뭔가 잘못되어 있다는 걸 알게 된 거야. 내가 잘못한 게 없다는 걸 깨닫게 된 거지. 내가 무지개당에 가입한 거나 커피콩 당을 지키고 싶은 마음은 잘못된 게 아니야. 그런데 학교는 그게 문제라고 했어. 처벌이니, 부모님을 오시라고 한다느니, 상담을 해야 한다느니… 이런 건 모두 내가 잘못했다는 걸 전제로 펼쳐 진 일들이야. 그런데 내가 정말 잘못했나? 난 그렇게 생각 안 해. 이걸 깨닫고 나니까 더 이상 떨리지 않았어. 쫄지 않게 된 거야. 쫄 필요가 없지. 내가 잘못한 게 없는데 말이야."

"칫, 디게 멋있게 들리는데. 그래, 네 말이 맞기는 맞지. 네가 잘 못한 게 없다면 징계를 할 수 없지. 징계 운운하는 게 더 웃기는 거고."

"응. 그래서 내가 지금 학생인권조례랑 학교 규칙을 뒤지고 있 는 거야. 학교에서 내가 잘못한 게 있다는데 그 근거가 무엇인지, 그걸 알아보고 있어."

"근거? 그렇지. 근거…. 너 무슨 영화에 나오는 변호사 같다."

그러다 문득 현서가 물었다.

"참, 엄마는 학교에 왔다 가셨어? 학교에서 뭐라고 했대?"

학교에 다녀온 엄마는 별말을 하지 않았다. 엄마는 학교의 논 리에 온전히 고개를 끄덕일 수는 없었다. 학생이 정당에 가입하는 것과 지역 사회 문제에 참여하는 게 왜 문제가 되는 건지 알수 없었다. 혹시나 철거 강제 집행이 이뤄지면 위험한 상황이 벌어질 수도 있으니 학생의 안전 문제를 걱정할 수는 있겠지. 그러나 학생부장 선생님의 말은 그런 차원의 것이 아니었다. 공부에 전념해야 할 아이들이 '세상일'에 관심을 가지고 '딴짓'을 하는 것은 시간을 허비하는 일이라고 했다. 또 이런 행동은 얌전히 공부만 하는 다른 학생들을 '전염'시킬 위험이 있다는 게 그들의 논리였다. 옹색하기 짝이 없었다.

학교에서는 일선이 카페에 관한 일에서 일절 손을 떼고, 정당도 탈당하라고 했다. 당장 그렇게 한다면 징계나 처벌은 하지 않을 거라고 했다.

"만일 거부한다면요?"

일선 엄마가 이렇게 되묻자 학생부장 선생님과 담임 선생님 모두 당황했다.

"전 선생님들과 생각이 다릅니다. 세상일에 관심을 닫고 교과서 내용이나 수업 시간에 배우는 것만 암기하는 게 공부라고 생각하지는 않거든요. 자기가 옳다고 생각하는 대로 행동하고 사랑하는 이웃을 지키려는 아이를 칭찬은 못 해 줄망정 그만두라고, 다른 얌전한 아이들까지 네가 물들이는 거라고는 도. 저. 히. 말 못 하겠어요."

일선 엄마는 앞에 놓인 물 잔에 남은 물을 들이켜고는 힘겹게 다음 말을 쥐어짰다.

"학교 입장은 잘 들었습니다. 그런데 조금 전에도 말씀드렸지만 아이에게 카페 일에서 당장 손을 떼라거나 탈당하라거나… 이런 말은 못 할 것 같습니다. 다만 학교에서 바라는 게 무엇인지는 잘 이해했습니다. 저도 일선이도 생각할 시간이 필요합니다. 하루 이틀 생각해 보고 연락드리겠습니다."

학교의 생각을 온전히 수용하지도 않고, 그렇다고 강력하게 반박하지도 않는 일선 엄마의 태도에 두 교사도 딱히 어떻게 대응해야 할지 알 수 없었다. 그저 서로의 입장을 확인하는 것으로 대화는 마무리되었다.

지금 일선 모녀가 생각하는 유일한 해결책은 침착하게 생각하고 현명하게 행동하는 것, 그것뿐이었다.

권리 위에 잠자는 자, 어서 깨워 주자

일선은 새삼 자기 모습이 낯설었다. 신기하기도 했다. 평소 같았으면 관심도 없고 외계어라고 생각했을 그런 문장들을 하나하나 짚어 가며 읽고, 또 읽을 때마다 자꾸 웃음이 났기 때문이다. 책상 앞에는 피우리 마을이 속한 P시의 학생인권조례 전문이 출력되어 있었다.

얼마나 가슴 벅찬지 모른다. 우리에게 이런 권리가 있다니, 이런 권리를 보장받을 수 있었다니.

일선이 학교 규칙을 밥 먹듯이 어기거나 규칙에서 벗어나려고 애쓴 적은 없다. 하지만 아무리 커다란 새장일지라도 갇혀 있는 새가 자유롭다고 느낄 리는 없을 터였다. 그것과 마찬가지로 일선은 늘 무엇인가를 어기면 안 되고 학교에 피해를 줘서는 안 된다는 굴레가 있었다. 그게 정확하게 무엇인지, 선생님들에게인지 친구들에게인지도 알 수 없었지만.

185

그러나 학생인권조례의 한 문장 한 문장은 꽃처럼 향기로웠다. 지금까지 이거 해라, 저거 해라, 이것은 하지 마라 하는 잔소리만 듣다가 너는 소중하다, 너는 인간이라는 이유만으로도 존중받을 권리가 있다고 하니 행복할 수밖에.

학생도 이렇게 존중받으며

눈치 보지 않고

자유롭게 생각을 말할 수 있고

종교를 강요받지 않고

차별받지 않을 권리를 가진 사람이라는 걸,

이렇게 당연한 걸 왜 아무도 우리에게 말해 주지 않았을까?

왜 어른들은 우리 하나하나가 소중하고 존중받아야 하는 사람이라는 걸 모르는 것처럼 행동할까?

어쩌면 어른들도 자기 자신의 인권조차 모르는 건 아닐까?

그들도 인권을 인지해 본 적 없고, 한 번도 존중받는 경험을 해보지 못한 것은 아닐까?

인간으로서의 존엄과 가치를 실현하는 삶을 꿈꿀 수조차 없어 그냥 포기한 것은 아닐까?

학생인권조례를 만난 일선에게 세상은 더 이상 전과 같지 않았다. 세상은 코페르니쿠스적 전환이 일어난 것처럼 달라 보였다. 온 세상이 태양이 지구 주위를 돈다고 말하던 그때, 갈릴레오 갈릴레이가 망원경을 이용해 지구가 태양 주위를 돈다는 걸 확인했을 때의 심정이랄까. 아무에게도 발설하면 안 되는, 그러나 진리임을 의심할 수 없는 어떤 빛을 내 눈으로 똑똑히, 그 어느 때보다 맑은 정신으로 목격한 바로 그 순간처럼.

심장이 뛴다. 북소리처럼 두둥 두둥 힘차게 울린다.

당연하나 당연하지 않다

"선생님께 먼저 말씀드리고 싶었어요. 허락하시든 안 하시든 어차피 붙일 거지만, 그래도 다른 사람을 통해서 들으시는 것보다 제가 직접 전하고 싶었어요."

수화기 너머의 김민경 선생님은 아무런 대답이 없었다. 잠시 침묵이 흘렀다. 그러나 일선과 민경 선생님은 많은 말보다 그 침묵을 통해 서로의 마음을 헤아릴 수 있었다. 텔레파시처럼.

한참 만에 입을 연 선생님은 길게 말하지 않았다.

"그래, 네 마음 알았다. 쉽지는 않을 거야. 알지?"

"네."

민경 선생님은 학교에서, 교무실 사회에서 버틸 것이다. 학교는 문사철인 지도 교사라는 이유로, 이번 일의 책임을 민경에게도 물었다. 일선에게 내릴 징계 수준이 결정되면 그에 따라 민경 선생님에게도 책임을 묻겠다고 했다. 담당 학생들을 제대로 관리하고 지도하지 못했다는 게 그 이유였다. 하다못해 시말서라도 내야 할 상황이었다.

민경 선생님 역시 일선이 조금도 잘못한 게 없다고 생각한다. 하지만 학교 밖의 '상식'과 학교 안의 '상식'은 같지 않았다. 아직도 학교는 견고하고 딱딱한 조직이다. 사실 정당에 가입하는 것은 종교의 자유만큼이나 당연한 일이건만, 교사들은 공무원법에 의해 정당 가입이 제한되어 있다. 교육자인 교사들도 정당 가입이라는 작고 사소한 권리도 찾지 못하고 있기 때문에 이런 맥락에서 보면 학생들의 정당 가입 금지도 일관성 있는 조치라고 할 수 있다. 헛웃음이 나오지만 말이다.

일선은 종이로 맞설 거다. 한 자 한 자 마음을 담아 쓴 대자보를 내일 아침 교문 옆 담벼락에 붙일 거다.

짧은 통화를 마치고 휴대 전화를 내려놓는 민경 선생님은 두려웠다. 번잡하고 혼란스러웠다. 그러나 최소한 일선에게 그것을 들키지 않았으면 하고 바랄 뿐이었다.

담벼락에 쓴 편지

안녕들 하세요.
피우리중학교 3학년 차일선입니다.

선생님들, 그리고 학생 여러분에게 꼭 하고 싶은 말이
있어서 이 글을 씁니다.
저는 우리 학교를 사랑합니다. 슬기산에 둘러싸인
아름다운 학교와 마음 착한 친구들, 다정한 선생님... 들
자랑스러웠습니다. 얼마 전까지는요.

저는 이해할 수 없습니다. 학교는 저더러 잘못을 했다고
합니다. 그것 때문에 징계도 받을 것 같습니다. 이유는 두
가지입니다.

하나는 다른 사람의 아픔에 공감했다는 이유입니다.

마을 사람들이 사랑하고, 사랑방 같은 곳이었던
카페가 강제 철거를 당하게 되었습니다. '강제 철거'는
못 가진 사람을 폭력으로 쫓아내는 일입니다. 놀랍고도 무서운
사실은 그것이 아주 '합법적'이라는 것입니다. 손님들이 있는
가게에 갑자기 용역이 들이닥쳐서 온갖 물건을 내던지고,
사람들에게 욕설을 하고 주먹을 씁니다. 이 과정에서 사람이
죽거나 다쳐도 아무도 책임을 지지 않는대요. 왜냐하면
'법'에 따라 한 일이니까요. 자기 가게를, 집을 지키려는
사람들을 공무 집행 방해죄 등의 이유를 대며 구속하고
체포하기도 합니다.

저도 카페 덕분에 법이라는 것이 때로는 약자를 등지고
폭력을 행사하기도 한다는 걸 처음으로 알았습니다. 가족과
편안하고 안전하게 하루하루를 살던 중학생이 몰랐던
세상에 눈떴다고 할까요.

혹시 한국 영화 〈남쪽으로 튀어〉를 보셨나요? 거기엔
재개발을 하기 위해 불도저로 밀고 쳐들어오는 건설 회사와
자신의 집을 지키려는 아빠가 맞서는 장면이 나오지요. 저는
이게 영화에서만 벌어지는 '가짜 현실'이라고 생각했어요.
그런데 제가 사랑하는 가게가 그처럼 무너질 위기에

처했어요. 그걸 알게 되자 아무것도 하지 않을 수 없었어요. 몸으로 굴착기를 막거나 힘으로 막을 수는 없어도, 적어도 사람들에게 이 상황을 알리고, 법이 잘못되었다고 외칠 수는 있었어요. 그런데 학교는 저의 이런 행동을 잘못했다고 합니다. 친구들에게 카페 일을 알리고 카페를 지키자는 서명을 받은 것에 대해, 친구들을 부추겨 단체 행동을 조장했다고 합니다.

학교에서는 또 제가 '정당'에 가입했다는 것을 문제 삼았습니다.

저는 초등학교 때 무지개당에 가입했습니다. 용돈을 모아서 달마다 5000원씩 당비를 내고 있습니다. 특별히 당 활동을 한 것은 없습니다. 그런데 지지하는 정당이 있는 게 왜 문제가 되는지 모르겠습니다.

학교는 제가 무지개당 당원이라는 것을 카페와 연관시켜서 정치적 배후 세력이 있는 게 아니냐고 의심하는 것 같습니다. 그러면서 선생님들은 제게 당장 탈당하라고 했습니다.

배후 세력···. 전 처음엔 이 말이 무슨 뜻인지 몰라서 사전을 찾아봤습니다. '배후', 한자를 풀어 보면 '등 뒤'라는 뜻이더라고요. 제 등 뒤에 누가 있냐고 물으신다면, 글쎄요···.

제 등 뒤에선 저를 사랑하는 엄마가 든든하게 계십니다.

학교가 제게 문제 삼은 것에 대해서 전 도무지
이해할 수 없습니다. 저는 거꾸로 학교에 묻고 싶습니다.
이웃에서 벌어지는 일을 외면하지 않고 힘을 합쳐 도운 것이
잘못이냐고.
민주 시민으로서 또 미래의 유권자로서, 정당에 관심을
가지고 당원으로 가입하는 게 정말 학생으로서 해서는 안
되는 일이냐고.

그리고 하나 더, 학교에 묻고 싶습니다.
저는 학교가 가르쳐 주지 않은 학생인권조례를
찾아보았습니다. 이 조례에 따르면 저는 대한민국 학생으로서
보장된 자유와 권리를 보장받지 못했습니다.
'인간으로서의 존엄성을 유지'하기 위해 학생인권을
보장해야 한다는 총칙은 접어 두고서라도, 제2장
'학생인권'만 봐도 학생은 사상 또는 정치적 의견 등을
이유로 차별받지 않을 권리가 있다고 되어 있습니다.
의사 표현의 자유도 보장되어 있고요.

학교는 저에 대한 처벌을 내리기 전에, 제가 보장받지 못한 자유와 권리를 먼저 검토해 주십시오.

그리고 피우리중학교 학생 여러분에게 말합니다.

지금 우리가 당연하게 누리는 권리도 누군가가 의문을 품고 싸워서 얻은 것입니다. 인권은 거저 얻는 것이 아닙니다.

그것을 깨닫고 우리 스스로 인권을 지키기 위해 노력합시다.

OOOO년 O월 O일

배후 세력 없는 자연인 차일선 올림

삭제된 메시지

일선이 붙인 종이 한 장은 학교를 발칵 뒤집어 놓았다. 분명 일선이 대자보에 자기 이름을 밝혔는데도 선생님들은 사건의 '배후'를 밝히겠다며 눈에 핏발을 세웠다.

문제의 그 학생이 교문에 대자보를 붙였다는 소식이 운전 중이던 교장 선생님에게 날아들었다. 교장 선생님은 너무 놀라 급브레이크를 밟았다. 다행히 앞차를 들이받는 것은 면했지만 몸이 앞으로 쏠리면서 운전대에 이마가 닿다시피 했다.

'올해 토정비결 운세가 맞는 건가? 악재가 들었다고 하더니만…'

엄한 생각이 교장 선생님 머릿속에 절로 떠올랐다.

교장 선생님에게 전화 보고를 마친 교감 선생님은 아직도 손이 달달 떨렸다.

'다른 날보다 5분이라도 일찍 학교에 오길 잘했어.'

아침에 출근을 하는데 아이들 몇몇이 교문 앞에 모여 있는 모습이 이상했다. 교문 앞 복장 지도를 하는 것도 아니고, 지도 교사가 나와 있지도 않은데 왜 아이들은 교실에 들어가지 않고 저렇게 모여 있을까? 가만히 지켜보니 담벼락에 글씨가 빼곡하니 적힌 하얀 전지가 붙어 있었다. 그것도 한 장도 아닌 세 장씩이나.

"아니, 저게 뭐야!"

서둘러 다가가 보니 하얀 전지의 정체는 '대자보'였다. 그 대자보는 정당에 가입하고 카페 분쟁에 개입해서 징계를 논의 중인 바로 그 차일선 학생이 쓴 것이었다. 언뜻 대자보를 읽으니 인권, 민주주의, 자유… 같은 생경한 단어들이 써 있었다.

'위험하다. 더 많은 아이들이 보기 전에 떼어야 한다.'

교감 선생님은 잠시 망설였다.

'이걸 내 손으로 떼어야 하나? 교장 선생님께 보고한 다음 처리해야 하나? 일단 교무실에 올라가서 다른 선생님더러 떼라고 할까?'

고민을 하다 곧 마음을 굳혔다.

'아니다. 이건 1분 1초를 다투는 긴박한 일이다. 단 한 명의 학생이라도 이걸 더 보기 전에 얼른 떼어야 해.'

늘 점잖아 보이던 교감 선생님이 테이프로 단단히 붙여 놓은 종잇장과 씨름하는 모습은 아이들 말로 '모양 빠지는' 일이다. 그러나 지금은 품위 있는 뒤태 따위를 걱정할 때가 아니다. 이건 진돗개 1 사태다.

교감 선생님이 힘겹게 대자보를 떼서 교무실로 들어오자 한 남자 선생님은 대자보를 더러운 물건인 것마냥 뒤적거리다가 과장되게 흥분하며 목소리를 높였다.

"이런 당돌하고 발칙한 일은 개교 이래 단 한 번도 없었던 일 아닙니까? 순수하고 바른 우리 학교 학생들이라면 꿈도 못 꿀 일이지요. 이런 착한 아이들이 어쩌다가…. 분명 뭔가 불순한 세력이 있습니다. 틀림없어요. 뒤에서 학생들을 조종하는 인간들이 분명히 있다고요. 어쩌면 선생님들 중에도 아이들을 제대로 교육할 생각은 않고 엉덩이에 뿔난 아이들 뒤에서 부채질하고 속삭이는 사람들이 있을 겁니다. 에잉!"

그는 몇 명 있지도 않은 교무실 전체를 눈으로 스캔했다. 마치 교도소 담장의 감시등처럼.

같은 시각 일선은 교실에 앉아 있었다. 되도록 차분하고 냉정하게 있어야 했다. 가방도 풀지 않고 책도 꺼내지 않고 가만히 있었다. 어차피 곧 교무실로 불려 갈 테니까. 어쩌면 그대로 다시 집으로 돌아가야 하는 일이 벌어질지도 모른다. 아니나 다를까 조례 시간 전, 얼굴이 창백해진 담임 선생님이 일선을 교무실로 호출했다.

"아니 얘, 차일선. 너 그렇게 안 봤는데 애가 왜 그러니…. 아무리 어깃장을 놓아도 그렇지. 어떻게 그렇게 되바라진 생각을 하니? 아유… 내가, 정말… 할 말이 없다. 당장 상담실로 내려와!"

상담실에 가 보니 담임 선생님, 3학년부장 선생님, 학생부장 선생님, 교감 선생님이 일선을 기다리고 있었다. 학생부장 선생님만 계실 거라고 생각했는데 선생님이 넷이나 있어 깜짝 놀랐다.

상담실의 긴 탁자 위에는 일선이 쓴 대자보가 대충 접힌 채 널브러져 있었다. 대자보를 억지로 떼내느라 전지 끄트머리가 아주 너저분했다. 한 글자 한 글자 정성을 들여 적은 일선의 마음이 그들에게는 닿지 않았다. 그들은 이 종이를 내팽개쳤다.

하지만 이런 것에 마음 쓰지 않으리라. 어차피 시작된 싸움, 작은 것에 울지 않을 것이다.

선생님 네 분의 취조는 그리 오래가지 않았다. 일선에게 직접 질문한 것은, 교감 선생님이 "혼자 생각으로 붙인 건가? 누가 시킨 건 아니고? 이렇게 해 보라고 일러 준 사람은 없었고?"라고 물은 것이 전부였다. 그 외에는 아무도 일선의 생각을 묻지 않았다. 일선은 구겨져 있는 대자보에 시선을 고정한 채 마네킹처럼 가만히 있었다. 가만히 있을 수밖에 없었다.

선생님들은 일선이 곁에 있는데도 마치 보이지 않고, 들리지 않는 것처럼 자기들끼리만 이야기를 했다. 일단 일선을 교실로 들여보내야 하는지가 안건이었다. 학년부장 선생님은 아직 일선에게 어떤 징계를 내릴지가 결정되지 않았고, 상벌위원회도 열리지 않았으니 일단은 수업을 듣게 해야 한다는 입장이었다.

"학생의 수업권이라는 게 있지 않습니까. 왜 형법에서도 무죄

추정의 원칙이라는 게 있듯이 아직 범죄 사실이 입증되지 않았으면 그전까지는 무죄라고요."

학년부장 선생님의 말을 들으며 일선은 생각했다.

'왜 사람들은 법이나 규칙 이야기가 나오면 범죄랑 연결부터 지을까. 그러니 누가 법을 좋아하겠어. 법이라고 하면 떠오르는 게 다 범죄, 벌…. 이런 단어인데. 법이 공포스럽고 권위적이니까 무의식적으로 싫어하게 되잖아. 정작 법은 우리 생활과 긴밀하게 연결되어 있고 내 삶에 영향을 미치는데 말이야. 법을 밥이라고 바꿔 부르면 어떨까? 법보다 밥. 좋은데? 음…. 법보다 밥이라. 밥집 이름으로 쓰면 재미있겠다. 법원 앞에 '법보다 밥'이라는 식당을 내면 어떨까? 법원 직원이랑 판사, 검사, 변호사 들도 이 집에서 밥을 먹겠지. 멋지다, 멋져.'

지금 상황과는 어울리지 않는 한가한 생각이라는 걸 알면서도, 이런 상상은 일선에게 위로가 되었다.

한편 학생부장 선생님은 위원회는 오늘내일 중에 긴급하게 소집될 것이고, 일단 일선을 다른 학생들과 '격리'시켜야 한다고 강하게 주장했다. '격리'라는 말을 듣는 순간 일선은 조류 독감이나 급성 전염병 같은 이미지가 떠올라서 몸을 부르르 떨었다.

담임 선생님은 아무 말도 하지 않았고, 교감 선생님은 학생부장 선생님이 말하는 동안 과하게 고개를 흔들며 동의를 표했다. 결국 일선은 오늘 하루, 교실에 올라가지 않고(못 하고) 상담실에서 반성문(정확하게는 진술서)을 쓰는 것으로 결정이 났다.

"학생부장 선생님, 수고하시고 이따 보지요."

선생님 세 분이 나가고 학생부장 선생님만 남았다. 웃음기 없는 학생부장 선생님과 단둘이 남겨진 일선은 아까보다 더 오싹해졌다. 그러고 보니 학생부장 선생님이 웃는 모습은 한 번도 못 본 것 같았다.

학생부장 선생님은 아무 말 없이 서랍장을 뒤지더니 깨끗한 종이 몇 장을 내밀었다. 일선은 두 손으로 공손하게 종이를 받았다. 언뜻 봐도 종이가 예닐곱 장은 되는 것 같았다. 속으로 이걸 언제 다 채우나 싶었다.

학생부장 선생님은 팔짱을 낀 채 일선이 진술서 쓰는 것을 뚫어지게 보았다. 잠깐 보고 말겠지 했는데 한 5분 이상 계속 지켜보고 있었다. 일선은 숨이 막힐 것 같았지만 눈동자 굴리는 소리까지도 들릴 것 같아서 그대로 고개를 박고 진술서만 썼다. 뭘 어떻게 써야 하는지, 얼마나 써야 하는지, 왜 이걸 써야 하는지도 듣지 못했지만 이런 걸 되물을 자리가 아니라는 건 분위기만으로도 충분히 알 수 있었다.

"허, 참⋯."

학생부장 선생님은 탄식 비슷한 한숨을 내쉬고 나서야 앉아 있던 회전의자를 빙그르르 돌려 일선을 등졌다. 그제서야 일선의 숨통이 트였다.

"하아!"

일선은 자기도 모르게 한숨이 나와 깜짝 놀랐다. 어떻게 이렇게 종일 갇혀 있나 팔짝 뛸 노릇이었다. 몇 년 전 미국에 사는 친척 집에 가느라 비행기를 탄 적이 있었다. 제주도에 갈 때 아주 잠깐 동안 탄 것 말고는 비행기가 거의 처음이라 몹시 들떴는데, 열두 시간 동안 비행기에 갇혀 있어야 하는 줄은 몰랐다. 잠도 안 오고 계속 시계만 보다가 기어이 체하고 두통까지 와서 엄청 고생을 했다.

'그래, 열두 시간도 버텼는데, 이쯤이야….'

일선은 어떻게든 긍정적인 쪽으로 마음을 추슬렀다. 그래야 이길 수 있으니까.

'나는 잘못한 거 없어. 선생님들이 틀렸다는 걸 난 알아.'

적당히 하서

그러나 사는 것이 인생이라는 우리는 잘하지 못한다 한다고

2교시에는 학생부장 선생님도 수업을 하러 가서 일선이 혼자 상담실에 있게 됐다. 혼자 있는 게 편하긴 했지만, 그렇다고 두 발을 뻗고 있을 만큼 속이 좋지는 않았다.

글쓰기를 좋아하는 일선은 선생님이 주고 간 종이를 금세 다 채웠다. 다 쓴 걸 휘리릭 넘겨 보니 낭만적인 글처럼 보였다.

'개교 이래 이렇게 문학적인 진술서는 처음일 거야.'

그런데 일선은 이걸 누구에게 제출해야 하는지, 아니면 누가 가지러 올 때까지 그냥 기다리고 있어야 하는지 알 길이 없었다. 심지어 화장실에 가도 되는지, 아니면 화장실에 가는 것마저도 금지된 것인지 판단이 서지 않았다. 참을 때까지 참았다가 복도에 사람이 다니지 않는 수업 시간에 재빨리 다녀오는 수밖에.

현서가 몹시 보고 싶었다. 민경 선생님에겐 어젯밤에 미리 연락을 드렸지만 현서에게는 귀띔을 하지 못했다. 분명 현서는 자

신과 한마디 상의도 하지 않고 큰일(?)을 저지른 것에 대해 섭섭해할 것이다. 하지만 미리 알려 줬다가 공연히 현서에게까지 불똥이 튈지도 모를 일이었다. 섭섭한 마음이야 나중에 풀어 주면 되지만 같이 징계라도 받게 되면 그 미안함을 어떻게 갚으랴.

마음이 괴로워도 배는 고파지는 건가. 3교시가 끝날 무렵에는 배가 꼬르륵거리다 못해 쓰리기까지 했다. 일선은 화장실에 갔다가 오면서 식수대에서 물배라도 채우기로 했다.

모험을 하는 심정으로 살금살금 상담실 문을 밀었다. 낡은 나무 문틀이 빽빽해서 잘 밀리지 않았다. 최대한 조용히 나가려고 했는데도 꺽꺽 소리가 났다. 하지만 다행히도 복도에 나와 보는 사람은 없었다. 상담실이 꺾어진 별관 끝에 있어서 화장실 가는 길이 꽤 멀었는데도 일선은 아무도 마주치지 않고 화장실 미션과 물 마시기 미션을 클리어할 수 있었다. 한결 기분이 나아져서 상담실로 성큼성큼 돌아가고 있는데, 교무실 문이 열리며 누군가 쑥 복도로 나왔다. 소연이었다. 소연은 선생님 심부름으로 교무실에서 프린트물을 가지고 교실로 가는 길이었다. 일선은 이런 상황에 아는 척을 하기도 뭐해서 상담실 쪽으로 종종걸음을 쳤다. 일선이 상담실로 골인하려던 찰나 소연이 뒤에서 일선을 불러 세웠다.

"야!"

안 그래도 서늘한 시멘트 바닥 복도에서 소연의 목소리가 차고 냉정하게 울렸다. 일선은 바로 돌아보지 않았다. 소연이 어떤 말을 할지 짐작이 됐기 때문이다.

"차일선! 잠깐만."

일선은 크게 심호흡을 하고 배꼽 아래에 단단히 힘을 준 다음 뒤를 돌아봤다.

"왜? 뭐 할 말 있어?"

"너, 좀 너무한 것 같지 않니? 지금 네가 대자보인지 뭔지 써 붙여서 난리도 아니야."

"그래, 그게 왜?"

"왜? 지금 누구 때문에 이 난리가 났는데 왜냐고? 넌 네가 뭘 잘못했는지도 모르니?"

'잘못'이라는 말에 일선이 발끈했다.

"잘못? 내가 뭘 잘못했니? 난 잘못한 게 없어. 그래서 당당한 거야. 넌 내가 쓴 거 읽어 보기나 했어? 우리는 양심의 자유가 있고 사상의 자유가 있어. 나는 내 자유를 행사한 거야. 그게 왜 잘못이야?"

"자유? 네 잘난 자유 때문에 우리까지 피해를 보는 건 어떻게 할 거야? 너 때문에 문사철인도 없어질지 몰라. 네가 잘났다고 설치고 다녀서 문사철인까지 문 닫게 생겼다고."

일선은 점점 머리로 피가 쏠리는 것을 느꼈다.

"문사철인이 왜 없어져? 그리고 없어지면 그게 왜 내 잘못이야? 그걸 없애는 학교가 문제지. 그리고 넌 문사철인 아니야? 학교에서 없애려고 하면 같이 지켜야지. 넌 안 지킬 거야?"

"얘 좀 봐. 자기가 일을 저질러 놓고 왜 우리더러 수습하라는 거야?"

"그럼 잘못된 것을 가만히 두고 보는 게 잘하는 거야?"

소연은 저렇게 차분한데, 일선은 손이 얼음장처럼 차가워지고 온몸이 바들바들 떨렸다. 마음은 소연보다 더 쿨하고 시크하게 따지고 싶었지만 몸이 말을 듣지 않아서 더 화가 났다.

"뭐가 잘못됐는데? 잘못됐다고 생각하는 건 너 혼자야. 정의의 사도 놀이도 적당히 좀 해."

소연은 앙칼지게 자기 할 말만 하고 등을 돌렸다.

일선은 그 자리에서 눈사람처럼 굳어 버렸다. 복도의 냉기가 어느 때보다 차고 시렸다.

친구라면

3교시가 끝나고 현서는 일선네 교실로 갔다.

"일선이 어디 갔어?"

일선의 자리엔 가방도 교과서도 없었다. 화장실에 간 것도 아닌 것 같았다.

"글쎄, 오늘 결석인가 봐."

일선이 짝도 일선이 어디에 갔는지 알지 못했다. 그때 뒤에 앉은 아이가 알은체를 했다.

"아니야, 아침에 교실에 있는 거 봤어. 그런데 조회 시간 전에 담임 쌤이 부르는 것 같던데. 나갈 때 가방까지 들고 가더라."

그 말을 들은 현서가 다그쳐 물었다.

"그래? 어디 갔는지 몰라?"

"몰라."

다른 아이들도 어깨만 으쓱할 뿐 일선의 행방을 아는 애가 없었다.

'조회를 하기도 전에 나갔는데 아직 돌아오지 않았다고? 게다가 선생님한테 불려 갔으면….'

현서는 왠지 짚이는 데가 있어서 무작정 교무실로 갔다. 하지만 선뜻 교무실로 들어가지는 못하고 까치발을 한 채 안을 들여다보려 애썼다. 하지만 교무실 유리창은 불투명 비닐이 붙어 있어서 농구 선수 정도의 키가 아니면 안을 살펴볼 수 없었다. 그때 마침 문이 열려서 현서는 문틈으로 교무실 안을 빼꼼 들여다봤다. 일선네 담임 선생님 책상은 문 가까이에 있었는데, 거기에는 선생님도 일선이도 없었다. 그때였다.

"현서야, 여기서 뭐 해?"

뒤에서 부르는 소리에, 현서는 잘못한 것이 없는데도 괜히 도둑처럼 깜짝 놀랐다.

"아유, 민경 선생님. 깜짝 놀랐어요."

"놀라게 하려고 그런 건 아닌데, 미안. 그런데 뭘 그렇게 기웃거려서?"

"저, 혹시 일선이가 교무실에 불려 왔나 해서 찾으러 왔어요."

일선의 이름을 듣자 민경 선생님 표정이 굳어졌다. 한숨을 한 번 푹 쉬더니 목소리를 낮춰 속살거렸다.

"일선이 상담실에 있을 거야. 나도 아까부터 찾아가 보려고 했는데 오늘따라 왜 이렇게 일이 많은지 모르겠네. 네가 시간 될 때 한번 가 줘. 많이 힘들 거야. 어, 혹시…. 너 모르는 거야? 아, 못

들었구나. 저기 오늘 아침에….”

민경 선생님은 아무것도 모르고 있던 현서에게 자초지종을 들려줬다. 선생님의 이야기를 듣던 현서는 눈동자가 점점 커졌다.

‘이 자식, 소심한 녀석이 무슨 짓이람. 담도 세네. 나한테 입도 뻥끗 안 하고.’

일단 상담실에 가서 일선이 얼굴만이라도 잠시 보고 와야겠다는 생각이 들었다. 일선이 파랗게 질린 채로 얼어 있을 것 같았기 때문이다. 민경 선생님에게 대충 인사를 하고 허둥지둥 달려 상담실로 이어지는 복도로 꺾어지려는데, 조용한 복도에서 말소리가 들렸다. 띄엄띄엄 들리기는 했지만 목소리의 주인공이 살벌하게 날이 서 있다는 건 충분히 느낄 수 있었다.

“뭐가? 너… 정의의 사도… 적당히 좀 해.”

복도 모퉁이를 돌아서자 일선과 소연이 보였다. 일선은 꼼짝도 않고 서 있고 소연은 피식 웃으며 몸을 틀고 있었다. 무슨 일인지는 알지 못했지만, 현서는 직감적으로 소연이 일선을 모욕하고 있음을 느낄 수 있었다.

“야, 이소연! 너 뭐야?”

목에서 터져 나오는 우렁찬 소리에, 현서 자신도 깜짝 놀랐다. 이렇게 크고 힘차게 외칠 수 있다는 걸 스스로도 처음 알았기 때문이다.

“네가 뭔데 적당히 하라 마라냐?”

소연은 느닷없이 현서가 등장하는 바람에 조금 놀라기는 했지만 꿈쩍도 하지 않았다. 콧방귀를 한 번 뀌고는 그대로 자기 갈 길을 갔다.

"야, 씨, 거기 서! 남의 말 씹고 가면 좋냐?"

"뭐래? 수업 종 치는 소리 안 들려? 늦게 들어가서 벌점 받으면 네가 책임질 거야?"

분위기가 심상치 않자 일선이 현서를 뜯어말렸다.

"현서야, 그만해. 너도 얼른 교실로 가."

현서는 그냥 가기는 억울했다. 그래서 멀어지는 소연이 뒤꼭지에 대고 고래고래 소리를 질렀다.

"안 그래도 힘든데 상처난 곳에 소금이나 뿌리고! 그러고도 네가 친구냐? 그러고도 문사철인 회장 맞냐? 회장이라면서 부원들 생각은 눈곱만큼도 안 하고, 오히려 자기한테 불똥이 튈까 봐 나서서 욕하냐? 더럽고 치사하다!"

마지막 말을 하고 침을 칵, 퉤! 하고 뱉고 싶었지만 학교 복도라 그것만은 참았다.

"일선아, 괜찮아?"

현서는 일선의 두 손을 꼭 잡았다.

현서와 헤어지고 다시 혼자가 된 일선은 주먹을 꼭 쥐었다. 현서가 나눠 준 온기가 날아가지 않도록. 쉽사리 무너지지 않도록.

의심

상담실로 돌아온 일선의 귀에는 적당히 하라는 소연의 마지막 말이 자꾸 맴돌았다.

'내가 너무 지나친 건가? 소연이에게는 그렇게 보이나 보다. 선생님도 친구들도 모두 적당히 타협하고 넘어가라고 이야기한다. 하지만 수긍할 수 없는 규칙에 머리를 조아릴 수 없잖아. 솔직히 무섭다. 외롭다. 그래도 후회는 안 한다. 지금의 소연이는 나를 이해하지 못하겠지만, 소연이 같은 공주님도 언젠가는 세상과 맞서야 할 때가 올 거야. 내가 싸우는 이유는 나를 지키기 위한 것이기도 하지만, 언젠가 나처럼 억지로 머리를 수그리라고 강요당하는 사람들을 위한 것이기도 해. 흠, 성인(聖人)이라도 된 것처럼 거창하군. 호모중딩스가 이제 진화하는 건가. 큭큭.'

어느새 점심시간이 되었다. 하지만 일선은 급식을 먹으러 갈 수 없었다. 혼자 상담실에 죄인처럼 앉아 있는 것도 서러운데 쫄

쫄 굶고 있자니 스스로가 더 비참하게 느껴졌다. 마침 스피커를 통해 점심 방송이 울려 퍼졌다.

"오늘의 클래식 타임입니다. 첫 곡으로 런던 필하모닉 오케스트라의 연주로 베토벤 교향곡 7번 A장조 작품 92 가운데 제2악장 알레그레토 들려 드리겠습니다."

다 죽어 가는 사람처럼 책상에 엎드려 있던 일선은 그 와중에도 자기를 위한 선곡이라고 느꼈다. 몇 부로 나눠진 현악 파트가 서로 조응하며 서서히 긴장이 고조되었다. 불안감이 상승했다. 그러나 그 가운데 언뜻언뜻 밝은 선율이 느껴졌다. 아주 잠깐 햇살이 드러났다가 다시 먹구름이 빛을 가리는 것 같았다. 그래도 태양은 있다. 보이지 않아도 저 구름 뒤에 태양이 있고, 언젠가는 그 볕을 쬘 수 있을 거다.

일선과 헤어지고 부리나케 교실로 돌아온 현서는 수업에 집중할 수 없었다. 다행히 과학 모둠 활동 시간이라 멍 때리고 있어도 티는 많이 나지 않았다. 4교시가 끝나자마자 튀어 나간 현서는 각 반의 문사철인 아이들에게 일선의 상황을 알린 다음 점심을 먹고 나서 동아리실에서 모이자고 말을 전했다. 딱히 뭘 어떻게 해야겠다는 계획은 없었지만 그래도 혼자 생각하는 것보다는 여럿이 머리를 맞대는 게 나을 것 같았다. 사실은 겁이 나고 떨려서 혼자 있기 싫은 마음이 더 컸지만 말이다. 그런데 준석을 찾아 갔을 때 놀라운 수확을 거둘 수 있었다.

"우리 반 인철이가 아침에 대자보를 보고 스마트폰으로 사진을 찍어 뒀더라고. 우리 반에서 걔가 늘 1등으로 오거든. 반톡에 사진을 올려서 나도 다운 받았어. 너한테도 보내 줄게."

학교에서 휴대폰을 켜다가 적발되면 일주일 동안 휴대폰을 압수당한다. 그래서 휴대폰을 잠깐 켰다가 끄는데도 눈치를 살펴야 했다.

교실로 돌아간 현서는 사진을 확대해서 일선이 쓴 대자보를 차근차근 읽어 봤다. 글을 다 읽고 처음 든 감정은 유치하지만… 부러움이었다. 현서는 어른스럽고 멋진 글을 쓴 일선이 부러웠다. 글을 쓰려면 하고 싶은 이야기나 쓸거리가 있어야 하는데 현서에겐 아무것도 떠오르지 않았다. 그냥 막막하기만 했다. 현서는 일선이처럼 자기 생각을 잘 풀어서 표현할 수 있으면 참 좋겠다 싶었다.

그다음에 떠오른 생각은, 대자보에 써 있는 말이 다 옳다는 거였다. 일선이 이런 위기 앞에서도 쫄지 않고 당당한 것은 어쩌면 당연하구나 싶었다. 현서는 학교에서 일선에게 무지개당을 탈퇴하라고 하고, 카페를 도운 게 잘못된 행동이라고 했을 때 엄청 열받긴 했지만 한편으로는 일선과 자신을 포함한 문사철인이 잘못한 지점도 있다고 생각했다. 학교는 학생을 가르치고 관리하는 곳이니까 조금 억울하다 싶어도 수긍할 수밖에 없는 그런 힘을 갖고 있다고 믿었다. 그런데 일선은 학교의 규제가 자신의 권리를 제한하고 자유를 구속한다고 말했다. 또 이웃을 돕고 약자를 지키는 행동이 왜 틀렸냐고 되물었다. 학교에서 배운 대로 공동체의 윤리를 지키기 위해 행동한 건데 왜 징계를 받아야 하는지 납득할 수 없다고 했다.

현서도 범생이 과는 아니며, 나름 까슬까슬하고 반항적인 청춘이다. (그래서 현서 엄마가 맨날 속상하다고 한탄하기도 한다.) 하지만 그런 자신도 '청소년은 미성숙하니 부모가, 어른들이, 학교가 하라는 대로 따르라.'라는 이야기가 당연하다고 생각했다. 그런데 지금은 정말 그래야 하나 싶은 생각이 들었다. 내 생각과 판단, 그리고 행동의 자유를 어른들에게 무조건 맡겨 놔도 되는 걸까? 현서는 자신을 둘러싼 세상, 그리고 사람들에게 처음으로 의심을 품었다. 세계의 질서에 커다란 질문을 던진 것이다. 뇌를 가진 인간이라면 수천 년 전부터 세상의 질서를 의심하고 생각했다는 것, 그렇게 해서 철학(哲學)이 시작되었다는 것은 몰랐지만 말이다. 진정한 문사철인 한 사람이 태어난 순간이었다.

응답하라, 포스트잇

"교문 봤어요, 선배?"

동아리실 문을 쳐부술 듯이 뛰어 들어온 수영이 외쳤다. 마음
이 답답하고 우울하긴 한데 뭘 어찌해야 할지 갈피를 못 잡고 있
던 현서와 문사철인 아이들이 일제히 수영이를 쳐다봤다.

"뭔데? 교문이 왜?"

수영이는 숨을 헐떡이며 간신히 대답했다.

"교문, 교문에, 노란, 노란 깃발, 아니 노란 쪽지가 나붙었어요."

누구의 생각이었는지 모르겠다. 1학년 후배라는 말도 있었다.
그게 아니라 머리가 짧고 키가 아담한 여학생이라고 주장하는 아
이도 있었다. 그게 누구든, 아무튼 누군가가 한 장의 포스트잇을
붙였다. 일선이 대자보를 붙인 담벼락 바로 그 옆에 말이다. 그렇
게 해서 학교 정문 철문에 최초로 노란색 포스트잇 하나가 나부
꼈다. 그 '아무튼 누군가'는 노란 사각형 종이에 검정 사인펜으로

몇 글자를 적고는 이것이 행여 바람에 떨어질까 스카치테이프도 붙여 놓았다.

"차일선 선배 응원합니다."

그 '아무튼 누군가'의 포스트잇을 보고 그랬는지 얼마 뒤 또 다른 누군가가 그 옆에 형광 연두색 포스트잇을 붙였다고 한다.

"힘내세요."

점심시간이 시작될 때 나붙기 시작한 포스트잇은 그렇게 한 장 두 장 늘어나더니 5교시 쉬는 시간에는 족히 백여 장은 될 듯한 종이가 철문을 뒤덮었다.

"청소년의 정치적 자유는 당연합니다."

"문사철인 파이팅!"

"정당 가입이 왜 문제? 정치적 의사 표현이 학칙 위반이라굽쇼? 어이상실… 띠용띠용."

"정당한 권리 행사를 처벌하면 앙~대요."

"무지개당 나도 가입할래요."

"학생인권조례 우리의 권리."

"응답하라! 차일선의 질문에 답하라!"

"피우리 마을에서 강제 철거는 안 됩니다!!!"

"학생인권 보장하는 자랑스러운 피우리중학교 만듭시다!"

연말에 교회나 지하철역에 세워 놓는 '소원 나무'처럼, 갖가지 빛깔의 종이들이 교문의 앞뒤로 나붙었다. 한 걸음 떨어져서 보면 네모난 종이꽃이 활짝 핀 것 같았다.

키보드 전사

포스트잇은 힘이 셌다. 한 장 한 장을 따로 보면 가로세로 각 76밀리미터인 네모진 작은 종이는 그것들이 함께 나부끼기 시작하자, 보는 사람들 마음을 강하게 흔들었다. 하나하나에 사람들의 목소리를 담은 그 종이는 이따금 바람에 흔들리며 피우리중학교 학생들의 마음에 손짓했다. 100개의 종이는 어느새 101장이 되었다가, 102장이 되었다가, 110장을 넘기고⋯ 이런 식으로 자꾸 늘어났다. 다 세어 본 사람은 없었지만 얼추 200장은 될 듯했다.

일선이 쓴 대자보를 휴대폰으로 찍은 몇몇 아이들의 힘도 컸다. 손 빠르게 SNS로 퍼트린 대자보 사진은 거의 모든 피우리중학교 학생들이 봤다. 일선의 대자보는 아이들의 입에서 입으로 전해지며 쓰나미급 해일처럼 피우리중학교를 흔들었다. 물론 아주 드물게 일선의 대자보에 대해서는 알지 못한 채 그저 재밌어 보여서 포스트잇을 따라 붙인 학생도 있기는 했다. 그럼에도 거

북이 등딱지처럼 다닥다닥 붙어 있는 종이 행렬은 학교를 향해 그야말로 '말 없이 말하고' 있었다.

포스트잇이 던지는 메시지는 분명했다. 학생도 의사 표현을 할 권리가 있다는 거였다. 그게 대자보든, 홈페이지 게시물이든 간에 말이다. 그리고 학교는 학생의 정당 가입을 문제 삼을 수 없으며, 자신의 신념대로 한 행동을 문제 삼아서는 안 된다고 말했다.

문사철인 아이들도 노란 물결에 고무됐다. 문사철인은 이번 일과 직접 관련이 있었기 때문에 감동은 더욱 컸다. 아이들은 쉬는 시간에 번개처럼 교문까지 들락거리며 포스트잇을 더했다. 하지만 그것만으로는 부족했다. 어떤 행동이 필요했다.

시험이 코앞이라 다들 따로 모이거나 시간을 내기는 어려웠다.

"흠…. 그럼 일단 인터넷에서라도 움직여요."

재인이 아이디어를 냈다.

"일단 학교 게시판이랑 SNS에 글을 올리면 어때요? 그건 각자 집에서도 할 수 있잖아요."

"그래, 그거 괜찮다."

"좋다, 좋다."

글 공포증이 있는 현서는 글을 올려야 한다니 바짝 긴장했다.

"그런데 뭐라고 올리지?"

"오늘 우리 학교에서 있었던 일을 알려요."

"사진도 올리죠. 대자보 사진이랑 포스트잇이 붙은 사진이요."

"일선 선배가 쓴 대자보 내용도 직접 타이핑해서 따로 올리면 좋겠어요. 그건 제가 할게요."

"준석이는 트위터랑 페이스북에 친구들이 많으니까 SNS 쪽은 많이 힘 좀 써 줘."

외부에 알리는 것만큼이나 우리 학교 학생들의 여론을 모으는 것도 중요하다는 의견이 나왔다. 포스트잇만 봐도 일선과 문사철인을 지지하는 학생이 200명은 족히 된다는 소리다. 그럼 이들의 목소리를 하나로 모으고 나머지 학생들에게도 이 일을 알려야 한다.

각자 블로그나 SNS를 최대한 활용해서 사건을 알리고, '문사철인'이라는 이름으로 입장을 발표하는 것도 좋겠다 싶었다.

"그런 걸 '성명서'라고 하나요?"

재인이 어디선가 들어 본 것 같은 단어를 떠올렸다.

"그래, 성명서. 그거 우리도 해 보자."

성명서라는 단어를 기억한 죄로 재인이 성명서 초안을 잡고, 다 같이 그 내용을 검토한 뒤 공유하기로 했다. 그야말로 '문사철인'의 이름으로 학교와 선생님들에게 자신들의 목소리를 내게 된 것이다. 그밖에는 각자 많이 활동하는 온라인 공간을 중심으로 역할을 나눴다. 헤어진 다음에도 카톡이나 문자로 계속 연락을 주고받기로 했다.

"너희 진짜 이쁘다. 우쭈쭈~ 뭐 먹고 싶어? 언니가 다 사 준다!"

현서는 누가 시키지 않아도 나서서 고민하고 할 일을 나누는 후배들이 무진장 사랑스러웠다.

공명하는 파장

현서는 수업이 끝나고 상담실로 갔다. 일선은 여전히 혼자였다.

"야, 하루 볕을 안 봐서 그런지 너 얼굴이 허옇다. 괜찮아?"

"당근, 괜찮지."

"이제 집에 가도 된대?"

"응."

조금 전 학생부장 선생님이 집에 가도 좋다고 했다. 그리고 잠시 후 교무실에서는 임시 상벌위원회가 열릴 거라고 했다.

"어머니께도 연락을 드렸다. 이미 말씀드리긴 했지만 내일 학교에 오시라고 전해."

그밖에 다른 말은 없었다. 학생부장 선생님은 한숨을 푹 내쉬고는 끓어오르는 무언가를 꾹꾹 누르는 듯 보였다. 일선은 '내일도 학교에 와야 하나요?'라고 묻고 싶었다. 아니, 사실은 '학교에 와도 되나요?'라고 묻고 싶었다. 할 일도 없는데 멍하니 있으려니까 이곳에 내가 있어서는 안 되는 존재인가 하는 생각이 들었다. 나는 학교에 질문을 하고 싶었을 뿐인데 학교는 나를 테러리스트로 여긴다. 학교는 나 같은 아이를 원하지 않을 것이다. 원하지 않는 정도가 아니라 처음부터 와서는 안 되는 종자라고 생각할지도 모른다. 이렇게 그냥 방치될 거라면 내일은 차라리 학교에 안 오고 싶은데, 그것마저도 마음대로 하면 안 될 것 같았다. 만일 일선이 학교에 오지 않는다면 대자보의 연장선에서 '등교 거부'라고 생각할 수도 있을 테니까 말이다. 하지만 일선은 학생부장 선생님 기분이 안 좋아 보여서 아무것도 묻지 못했다.

"종일 여기에 그냥 있었던 거야?"

"그렇지, 뭐. 반성문도 쓰고….."

"쳇, 그럴 거면 차라리 집으로 가라고 하지."

"그러게 말이야. 아마 여기에서 꼼짝 못 하고 있는 것도 벌에 포함되나 보지."

시간이 아까우니 내일은 꼭 참고서랑 문제집을 챙겨 와야겠다고 생각했다.

일선과 현서는 운동장을 가로질러 집으로 향했다. 교문에 다다랐을 때쯤 갑자기 현서가 일선에게 눈을 감아 보라고 했다.

"왜?"

"글쎄, 일단 감아 봐."

현서는 마음이 급했다. 일선의 눈을 감게 한 다음 교문으로 한

발 한 발 안내했다. 아침에 일선의 벽보가 금세 사라진 것처럼 학교에서 포스트잇도 다 떼어 버렸을지도 모르기 때문이다.

아니나 다를까, 교문에서는 수위 아저씨가 잔뜩 골난 얼굴로 포스트잇을 떼어 종량제 봉투에 집어넣고 있었다. 하지만 다행스럽게도 이제 막 제거 작업을 시작한 상태였다.

"이제 눈 떠도 돼!"

"뭔데?"

일선은 어리둥절하며 눈을 떴다. 교문에 붙어 있는 포스트잇이 무슨 의미인지 모르는 듯했다. 그러다가 거기 쓰여 있는 글씨에 눈을 돌렸고, 곧 눈시울이 붉어졌다.

"어…."

일선의 마음을 아는 현서는 일선이 어깨에 팔을 둘렀다.

"짜아식…. 감동했냐? 울어도 돼."

현서는 오랜만에 일선을 집까지 바래다줬다. 일선이 축 처져 있을까 봐 걱정하며 돌아갔지만 다행인지 불행인지 일선은 우울할 겨를조차 없었다. 문사철인 친구들이 쉴 새 없이 연락을 했기 때문이다.

"네가 카톡을 안 하니까 일일이 문자를 보내야 하잖아. 알도 다 떨어졌는데…."

연락을 하는 친구마다 핀잔을 줘서 이참에 카톡이랑 밴드를 깔기로 했다. 문사철인 아이들이 온라인 활동을 개시했는지 댓글이

하나 달릴 때마다 호들갑스럽게 전화를 하고 난리다. 일선은 전화를 받는 짬짬이 스마트폰에 카톡을 깔았다. 처음 쓰는 거라 안 그래도 난감하기만 한데 고장 난 장난감처럼 쉴 새 없이 "까똑, 까똑, 까똑…" 하고 울어 대서 정신이 하나도 없었다.

준석이도, 자기가 SNS에 올린 글을 캡처해서 보내 줬다.

경준석
3시간 전

P시 P중학교에 오늘 아침 붙은 벽보입니다. 학교 측은 벽보를 보자마자 즉시 떼어 버렸습니다. 벽보에도 써 있지만 이 학생은 현재 정당에 가입한 것, 그리고 동네 가게의 강제 철거를 막으려 했다는 이유로 징계를 받게 되었습니다.

이것은 제가 다니는 학교에서 실제로 벌어진 일입니다. 벽보의 주인공은 제 친구입니다. 저는 친구를 지지합니다. 학교는 우리의 의사 표현을 막아서는 안 됩니다. 모든 인간은 정치적·종교적·사상적 자유가 있습니다. 청소년도 인간입니다.

P중학교 학생들은 대자보가 붙어 있던 자리에 포스트잇으로 응답했습니다. 저는 우리 학교가, 아니 우리가 자랑스럽습니다.

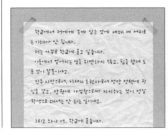

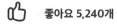 좋아요 5,240개

공유하기 120개

SNS에 일선이 쓴 벽보와 피우리중학교 아이들이 붙인 포스트 잇 사진이 떴다. 이 게시물은 놀라운 속도로 퍼져 나갔다. '좋아요'의 개수가 올라가고, 공유하기가 100 단위로 쭉쭉 올라갔다. 준석이, 그리고 준석이의 페이스북 친구들과 팔로워들의 공이었다.

 행동하는 청소년들 자랑스럽습니다.

 앗! 사진을 보니 제가 졸업한 P중학교네요. 와우! 후배님들 정말 대단대단~

 청소년인권조례에 보장된 표현의 자유는 어디에…. 아직도 학교 현장에는 반영이 안 되나요? 슬픕니다 ㅜㅜ

 청소년 당원님이시군요. 반가워요.

모든 사람이 다 응원만 하는 것은 아니었다. 보는 이의 눈과 마음을 더럽히는 욕설, 비난, 모함, 악성 댓글도 있었다.

학생이라면 학업에 전념해야 하지 않나요. 사회 참여라는 명분을 대며 학교 교칙조차 가볍게 무시하면서 어찌 자유와 권리를 운운하는지… 쯧쯧.

 대한민국 학교 마~이 좋아졌넹. 애들이 지들 마음대로 깝쳐도 선생들은 꼼짝도 못 하고. 교권은 껌딱지냐 nimi.

옮기지 못할 정도로 저열한 말들도 있었다. 미성숙한 인간들은 남 앞에서는 하지 못할 말들을 인터넷에 배설한다. 이런 말 같지 않은 말들을 일선이 일일이 다 읽지 못하는 게 그나마 다행이었다.

소문을 들은 영신 사장님과 이종수 아저씨는 일선에게 전화를 했다.

"미안하다… 미안해. 우리 카페 때문에 괜히…."

커피콩당 사장님은 처음부터 끝까지 이 말만 했다. 그런 영신 사장에게 일선은 다부지게 대답했다.

"카페 때문이 아니에요. 절대 절대 사장님이 미안하실 일이 아니에요. 저한테 미안해야 할 사람들은 따로 있어요. 무조건 제가 잘못했다고 하는 어른들, 애들은 그냥 생각 같은 것 하지 말고 얌전하게 어른들이 바라는 대로 행동하라는 사람들에게 사과를 받을 거예요."

내가 언제 이렇게 의젓했던가, 내 생각과 의지대로 말하고 행동한다는 것은 얼마나 아름다운 일인가, 일선은 자기를 깨치게 한 이번 일에 대해 진심으로 감사했다. 그런 의미에서 커피콩당을 만나고 커피콩당의 싸움에 함께한 것은 커다란 행운이었다.

이종수 아저씨는 같은 당원으로서 격려와 응원을 보낸다고 했다. P시 지역 당원들과 함께 번갈아 1인 시위를 할 거라고도 했다. 일선은 무지개당 차원에서 자신을 어떻게 도와줄 수 있을지 감이 오지 않았다. 다만 아저씨가 자신에게 '같은 당원'이라고 말한 것이 뿌듯했다. 원래 청소년은 어른들에게 일단 나이에서 지고 들어가지만, 지금은 친구나 동지로 대접받는 느낌이었다.

일선은 생애 처음으로 학교라는 세상에 발차기를 했다. 초등학교 6년, 중학교 3년 내내 튀지 않으려 애쓰고 학교에 순응하는 모범생으로 살아왔는데 지금은 어쩌다 학교의 골칫거리, 문제아, 도발하는 학생이 되었다. 모난 돌이 정 맞는다는 말이 있듯이 이번 일로 학교에서 징계를 받을 수도 있다는 생각은 했다. 오히려 예상하지 못했던 것은, 일선이 일으킨 이 균열을 보며 사람들이 기다렸다는 듯 박수를 치고 호응한다는 것이었다. 질책은 각오했지만 응원은 사실 꿈도 꾸지 않았다. 일선은 사람들의 마음, 보이지 않는 그 파동의 힘을 실어 멋지게 싸워 보리라, 마음을 다졌다.

Uprising

"피우리 마을의 '곧'미남, 꽃미남 아니고요. 곧미남 디제이 왁자 인사드립니다. 오늘은 시작부터 화끈한 뉴스가 나갑니다. 따끈따끈 하다못해 화끈한 마을 소식입니다.

불타는 청춘들이 일을 벌였다네요. 오늘 아침 8시쯤 피우리중학교 3학년 학생 한 명이 '안녕들 하세요.'로 시작하는 대자보를 붙였다고 합니다. 8시는 학생들이 그다지 많이 등교를 하지 않는 시간대인데요. 학교는 이 대자보를 보자마자 즉시 제거했다고 합니다. 대자보에는 과연 어떤 내용이 있었을까 궁금하시죠? 네, 궁금하실 겁니다. 사연은 이렇습니다.

〈석양의 왁자〉에서도 소식을 전하고 있는 카페 커피콩당 이야기 아시죠? 대자보의 주인공을 M학생이라고 할게요. 이 M학생도 커피콩당 단골이었답니다. 그래서 자연스레 커피콩당의 강제 철거 반대, 법 개정 운동에 동참했다고 합니다. M학생의 친구였던 다른 피우리중학교 학생들도 카페 골목에서 유인물을 돌리거나 피켓을 들고 카페 사정을 알렸다고 하네요. 강제 철거가 얼마나 폭력적인 건지, 힘없는 세입자는 강제 철거 앞에서 꼼짝없이 내쫓길 수밖에 없다는 사실을 10대들이 먼저 깨달은 겁니다.

참…. 그런데 보는 눈이 이렇게 다른가요? 어떤 사람들은 교복을 입은 학생들이 이런 행동을 하는 게 고까웠나 봅니다. 학교에 그 학생들을 신고했다네요. 왜 학생들이 개인 간의 분쟁에 휘말려서 한쪽 편만 드냐면서요. 아마 그 사람은 강제 철거를, 집주인과 세입자 당사자들의 문제로만 생각했나 봅니다. 흐미. 학교에서는 학부모들이랑 주민들이 뭐라카니까 재빠르게 M학생을 징계하기로 하고, M학생과 친구들이 속한 동아리를 폐지할지 말지 검토했다고 합니다. 또 우연히 M학생이 정당에 가입했다는 것을 알게 되어 '정치적 음모', '배후 세력' 운운하면서 탈당을 명령했다네요.

청소년이 정당에 가입하는 게 흔한 일은 아니지요. 그렇다고 잘못된 일입니까? 그건 아니지요. 우리에겐 정당에 가입할 수 있는 정치적인 자유가 있고, 이것은 우리가 당연히 누려야 할 권리입니다. 종교의 자유와 비교해 보면 되지 않습니까? 어떤 학생이 교회에 가든, 절에 다니든, 시너고그에 가든, 메카를 향해 절을 하든 그걸 문제 삼으면 안 되지요.

참, 저는 이번에 몰랐던 걸 알게 되었는데요. 교사들은 정당 가입이 금지되어 있다고 하네요. 세상에…. 교사는 국가공무원인데,

국가공무원법상 공무원은 정치적 중립을 지켜야 하기 때문이라고 합니다. 그래서 일부 교사들이, 이것이 헌법에 위배된다며 헌법소원을 냈대요. 그리고 얼마 전 헌법재판소 판결이 나왔는데요. 교사의 정당 가입을 금지한 것은 헌법에 어긋나지 않는다고 판결했답니다. 이게 뭔 소리인고? 이해가 잘 안 되시지요. 왁자가 찬찬히 설명을 해 드릴게요. 긍게 지금 우리나라 법은 공무원이나 교사는 정당 가입을 하면 안 된다, 이렇게 되어 있어요. 그래서 생각 있는 몇몇 선생님들이 '정당 가입과 정치 활동은 정치적 자유이고, 기본적인 자유다. 교원(공무원)이라는 이유로 정치적 권리를 제한하는 이 조항은 헌법에서 보장하는 기본권에 맞지 않는다.'라며 헌법소원을 낸 거예요. 그런데 헌법재판소는 우리의 기대와는 달리 공무원과 교사의 정당 가입 금지가 헌법에 어긋나지 않는다는 판결을 내렸습니다. 교사의 정당 가입이 '학생의 수업권'을 침해할 수 있기 때문에 이 법은 정당하대요.

카, 정말 답답하고 슬픈 대목입니다. 자신이 지지하는 정당에 가입하고 활동하는 것은 유권자로서 당연한 권리 아닙니까? 청소년도 예비 유권자로서 당연히 그 권리를 가지고요. 지지하는 정당도 없는데 투표는 어떻게 하지요? 물론 교육자로서 학생에게 자신의 정치적 입장을 강요해서는 안 될 겁니다. 정치적 중립을 지켜야 하지요. 예를 들어 독일이나 영국, 또 미국 같은 나라들도 업무 시간 중의 정치 활동은 금지합니다. 하지만 퇴근 후에는 얼마든지 자유롭게 정치 활동을 할 수 있습니다. 유네스코에서는 "교사는 시민이 누리는 모든 시민적 권리를 행사할 자유가 있으며, 공직에 나갈 권리를 가져야 한다."고 규정합니다.[•] 그런데 우리 현실은 어떻습니까. 우리나라의 조치는 교사를 정치적 금치산자(禁治産者)^{••}로 규정하는 것입니다. 자신의 정치적인 입장을 표현하지도 못하는데 어떻게 정치에 대해 토론을 하겠습니까. 하물며 정치적 금치산자가 미래 시민인 아이들에게 어떻게 정치를 가르치겠습니까. 이런 식이면 우리나라 정치가 발전하려야 발전할 수 없을 것입니다.

유엔인권이사회에서도 우리 정부에 "교사·공무원의 정치적 의사 표현의 자유를 보장하라."라고 권고했다는데요. 이런 권고가 있어도 헌법재판소에서는 교사와 공무원의 정치 활동을 금지한 정당법과 국가공무원법에 대해 합헌 판결을 내린 거지요. 이건 국제적인 기준에도 못 미치는 판결 아닌가요? 허, 선진 사회가 되려면 인권이 보장되어야 하는데 말이지요. 아직 멀었습니다.

그래서 우리 M학생은 대자보를 통해 말했습니다. 자신의 행동은 대한민국 학생으로서 보장된 자유와 권리를 바탕으로 한 거라

● 〈교사의 지위에 관한 유네스코 권고(1966)〉 제80조.

●● 법원에서 신체적·정신적으로 법률적 행위를 할 수 없다고 선고한 사람을 뜻한다. 이 문장에서는 정치적으로 아무런 판단도, 행위도 할 수 없는 무기력하고 무능력한 사람이라는 뜻이다.

고요. 처벌을 하기 전에 조례로 통과된 학생인권을 먼저 보장해 달라고요. 따끔하지만 참 통쾌한 일침 아닙니까?

저 왁자 디제이는 M학생을 지지합니다. 우리 가게 앞에도 대자보를 써서 붙이겠습니다. 힘내십시오. 저도 힘내겠습니다. 청취자 여러분도 힘내십시오. 우리가 살고 싶은 평등하고 평화로운 세상은 우리가 만들 수 있습니다.

가슴에 열정이 있는 사람은 누구나 청춘이지요. 멋진 청춘들에게 이 노래를 바칩니다. 제가 죽고 못 사는, 너무나 싸랑하는 밴드 '뮤즈'가 부릅니다. 〈업라이징Uprising〉.”

압박

학교, 특히 교무실 공기는 완전히 가라앉았다. 교사들은 할 말이 있어도 교감 선생님의 불편한 심기를 살피며 거의 귀엣말처럼 속삭이며 대화를 했다. 들리는 거라곤 전화벨 소리뿐이었다. 학교 대표 번호로 연결된 교감 선생님 자리의 전화는 거의 쉬지 않고 울렸고, 그 전화가 통화 중이면 내선으로 이어진 다른 전화가 대신 울렸다.

SNS를 통해 학교 일이 알려진 뒤 이곳저곳에서 전화가 걸려 왔다. 사건 내용을 궁금해하는 학부모와 지역 주민에서부터, 학생의 정치적 권리를 존중하고 해당 학생의 징계를 취소하라는 인권 단체 회원들의 전화, 졸업생으로서 학교의 조치가 부끄럽다는 사람, 반대로 졸업생으로서 학교가 불명예스러운 일에 휘말리는 걸 볼 수 없다며 강한 결단을 요구하는 사람, 취재를 요청하는 신문사, 방송사, 라디오 방송국, 인터넷 신문사 등까지….

선생님들은 매일매일이 비상이었다. '긴급'하다는 의미에서 비상이었고, 정상적인 일상이 아닌 '비정상'적으로 돌아가는 하루하루도 비상이었다. 어제도 오늘도 잇달아 일선의 상벌위원회가 열렸다. 더불어 전체 교무회의도 매일 열렸다. 교사들은 일단 학생들이 더 이상 인터넷이나 외부에 학교 일을 알리지 못하도록 단속하는 데 제일 열심이었다. 각 반의 담임들에게는 조회, 종례 시간에 온라인에 글을 올리거나 외부 단체, 언론과 접촉하지 못하도록 학생들을 단단히 단속하라는 명령이 내려왔다. 학교 이름이 불명예스러운 일로 입길에 오르내리는 게 죽기보다 싫은 교장 선생님의 판단이었다.

오늘 점심에는 교내 음악 방송이 취소되고 반마다 있는 텔레비전을 통해 예정에 없던 특별 방송이 나왔다. 교장 선생님은 카메라 단독 샷을 받으며 "친애하고 사랑하는 피우리중학교 학생 여러분."으로 시작해서 "개교 이래 이렇게 무례하고, 불순한 단체 행동은 처음입니다."에서 검은 눈썹을 꿈틀, 입꼬리를 움찔움찔하다가 애써 마음을 가라앉혔다. 교장 선생님은 마지막으로 "이런 불미스러운 일이 더 이상 확산되지 않도록 학생들도 적극 협조해 주기 바랍니다."라고 당부했다.

그나마 학교에 유리한 것이 하나 있다면 이틀 뒤부터 기말고사가 시작된다는 것이다. 학교는 학생들이 시험을 앞두고 있으니 '뭔가' 일을 벌이기엔 부담이 있을 거라고 판단했다.

시험 기간이라 안 그래도 시험 관련 업무가 잔뜩 늘어난 선생님들은 죽을 맛이었다. 비상회의, 상벌위원회, 학년별 담임 교사 회의, 회의, 회의, 회의…. 손오공처럼 분신술을 써서 몸을 두 개, 세 개로 늘리고 싶었다.

교무실 공기가 착 가라앉은 것에 비해 교실은 그 어느 때보다 차분하고 침착했다. 학생들은 이후 다른 단체 행동을 계획하지는 않았다. 하지만 포스트잇 행렬에서 볼 수 있었던 것처럼 일선의 대자보를 보고 동질감을 느끼는 아이들이 많았다. 아이들은 말을 하진 않았지만 학교가 어떻게 이 일을 풀어 나갈지 지켜보고 있었다. 그리고 꼭 학교만 해결의 열쇠를 쥐고 있다고 생각하지는 않았다. 일선과 문사철인도 학교 못지않은 결정권을 쥐고 있다고 여겼다. 이 사건을 지켜보는 후배들과 친구들은 분명 '뭔가'를 기대했다. 그 '뭔가'는 일선에게 힘을 주기도 하고 부담이 되기도 할 터였다.

그날 오후, 학교 앞 작은 삼거리에는 가로로 긴 현수막 두 개가 걸렸다.

청소년도 정치적 의사 표현을 할 수 있습니다.
정당에도 가입할 수 있고 정당 활동도 할 수 있습니다.
청소년이기 전에 인간이니까요.
피우리중학교 학생의 정치 활동을 지지합니다.
-무지개당 P시 당원협의회-

커피콩당 강제 철거를 막겠습니다.
피우리중학교 학생들과 함께
학생인권조례에 어긋나는 징계도 막겠습니다.
-커피콩당을 사랑하는 주민대책위원회-

현수막이 걸렸다는 말에 슬리퍼도 갈아 신지 않고 달려 나온 교감 선생님이 뒷목을 잡았다.

"아이고, 머리야… 아이고, 혈압!"

피로한 꿈

3학년 2반 2교시 수학 시험 중.

사각사각, 시험지 위에서 연필 움직이는 소리만 들린다. 교실의 창문이란 창문은 모두 열려 있지만 바람은 한 점도 없다. 다들 고개를 처박고 있어서 까만 뒤통수만 보인다. 시험을 감독하는 선생님의 구두 굽 소리가 또각또각 울리는데 너무 규칙적이라 졸음을 부채질한다.

일선은 며칠 동안 마음을 온전히 쏟았던 대자보 사건이 아직 정리가 다 되지도 않았는데 이렇게 그래프를 들여다보고 있으려니 너무 낯설었다. 이게 꿈인지 현실인지 알 수 없었다.

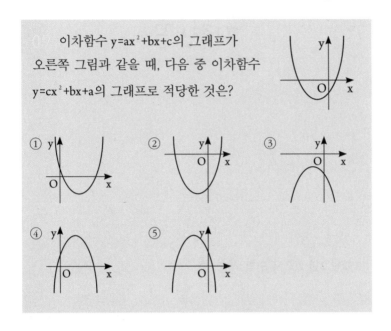

이차함수 $y=ax^2+bx+c$의 그래프가 오른쪽 그림과 같을 때, 다음 중 이차함수 $y=cx^2+bx+a$의 그래프로 적당한 것은?

① ② ③ ④ ⑤

이 밑으로도 문제가 빼곡히 있었지만 하나도 눈에 들어오지 않았다. 시험 문제는 위로 아래로 굽은 곡선의 의미, 수식과 문자들의 관계를 해명하라고 요구했다. 하지만 일선에게는 입을 벌린 포물선은 신석기 시대의 빗살무늬 토기 같고, 가로축과 세로축은 그 당시 사람들이 쓰던 사냥 작살처럼 보였다. 그런데 지금은 분명 역사 시험 시간이 아니지 않은가.

일선은 조금은 울고 싶고, 또 한편으로는 모두가 침묵하는 이 교실에서 미친 사람처럼 소리를 지르고 싶었다. 그저께 상벌위원회에서 징계 결정이 내려졌던 것이다.

〈피우리중학교 상벌위원회〉 임시 회의 보고

O월 O일 16시 제2교무실

참석자: 교사 OOO 외 3인

본교 3학년 2반 차일선 학생에 대해 다음과 같은 사유로

징계 결정을 내린다.

(사건조사보고서, 본인 자술서 별첨)

*징계 사유:

1. 허가받지 않은 대자보 게시로 학교 명예 실추

2. 동아리 부원을 선동하여 집단행동

*징계 결정: 벌점 20점 및 성찰 교실 5일

*기간: 기말고사 이후 O월 O일 ~ O월 O일

피우리중학교 상벌위원회

성찰 교실이란 수업에 들어가지 못하고 격리된 교실에 혼자 있는 것을 뜻한다. 지난번에 상담실에서 혼자 있었던 것처럼 말이다. 기말고사가 끝나면 곧바로 5일 동안 성찰 교실을 해야 한다. 일선은 징계를 받는 처지이면서도 시험은 예정대로 치러야 한다는 게 왠지 더 고약하게 느껴졌다. 시험이야 될 대로 되라 싶은 마음만 들었다. 이런 적은 처음이다.

친구들은 물론이고 얼굴 한 번 본 적 없는 사람들도 모두 일선을 응원했는데, 선생님과 학교는 일선의 손발을 묶고 재갈을 물릴 생각만 했다. 꾹꾹 참았지만 시험지 위로 기어이 눈물 한 방울이 툭 떨어졌다.

울상

뜨거웠던 SNS의 반응도 점점 잦아들었다. 그래도 무지개당 당원들이 피우리중학교 상황을 계속 퍼 나르고, 무지개당 청년위원회에서는 일선을 만나러 오기도 했다. 하지만 일선은 징계 통보를 받은 뒤 완전히 풀이 죽어서 아무것도 하고 싶지 않았다. 아무도 만나고 싶지 않고, 자기 방 침대에 기어들어 가서 타조처럼 베개에 머리를 파묻고만 싶었다. 오늘은 현서가 문사철인 후배들을 만나야 한다고 해서 맥없이 질질 끌려온 거다.

기분이 푹 꺼져 있는 일선이 앞이라 다들 아무 말도 못 하고 그저 눈치만 보고 있었다. 현서는 우중충한 분위기가 싫어서 이 녀석들을 끌고 노래방이라도 가야 하나, 고민했다.

"누가 돌아가셨어? 얼굴 좀 펴!"

현서가 매운 손으로 여리한 일선의 등짝을 철썩 내려치며 말했다.

옆에 있던 재인이 그 장면을 보고 몸서리를 쳤다.

"으… 선배, 너무 심해요."

미국에서 초등학교를 다니다가 한국에 온 재인은 이런 상황이 정말 이해가 되질 않았다. 한국에서는 신체 접촉을 아무렇지도 않게 생각한다. 자기가 볼 때는 구타 수준인데 아무도 뭐라고 하는 사람이 없다. 미국에서도 친구를 왕따시키고 괴롭히는 무리를 보기는 했지만 걔들은 말로만 그러지 이렇게 찰싹찰싹 때리지는 않는다. 한국 아이들은 게임을 하다가도 벌칙으로 등을 두드려 패고, 남자아이들은 멀리서 달려오며 뒤통수를 치는 것이 예사다. 너무 폭력적인데 희한하게도 다들 때리면서 웃는다. 아무리 문화 차이라지만 재인은 이런 장면을 볼 때마다 소스라치게 놀랐다.

현서의 손맛을 봤는데도 일선은 여전히 죽을상이다.

"오늘 시험도 끝났잖아. 좀 웃자, 웃어!"

그렇다. 기말고사는 끝났다. 그렇다고 기분을 낼 때가 아니었다. 벌 떼같이 일어났던 포스트잇 민초들이 무색하게도 일선은 결국 징계를 받았기 때문이다. 문사철인에게 불똥이 튀지 않은 것은 다행이지만, 김민경 선생님도 책임 교사라는 이유로 시말서를 썼다고 들었다. 일선은 당장 내일부터 성찰 교실에서 5일 동안 '성찰'을 해야 한다. 방학이 다가온다고 기뻐할 수 없는 슬픔의 주간인 거다.

일선이 자기 생각에 빠져 멍 때리고 앉아 있는데 현서가 또다시 등짝 스매싱을 날렸다.

"아, 맞다! 참, 라디오 디제이 왁자 아저씨가 〈석양의 왁자〉에 너를 게스트로 초대하고 싶대. 어머, 어머…. 난 왜 이런 걸 까먹고 그러니. 커피콩당에서 디제이 아저씨를 우연히 만났는데 말 좀 전해 달라고 했어."

"와, 일선 선배 방송 출연해요?"

"대박이다!"

라디오라는 말에 다들 눈이 반짝였다. 분위기만 보면 무슨 공중파 토크쇼에 출연이라도 하는 것 같았다. 당사자인 일선은 많이 당황한 얼굴이건만 말이다.

"아저씨가 왜 나를?"

"왜, 게스트로 초대할 만하지. 안 그래? 피우리중학교에 최초로 대자보를 붙인 사람, 청소년 인권까지 이슈화한 인물이잖아. 몰랐어? 지금 우리 마을에서 가장 핫한 인물이 바로 너야, 너."

현서는 가끔 이렇게 농담 반 진담 반으로 일선을 띄워 줄 때가 있는데, 일선은 이럴 때마다 당최 어떻게 반응해야 할지를 몰랐다. 그냥 얼굴이 벌게질 뿐이다.

"라디오 나가서 이야기하는 게 힘들어? 그냥 편하게 갔다 와."

"아, 그, 그건… 내가 마이크 울렁증이 있어서…. 나 다른 사람들 앞에서 말 잘 못한단 말이야."

일선이 어버버하며 말을 더듬자 후배들은 더 재미나나 보다.

"선배가 무슨 울렁증이에요, 울렁증은. 그리고 말 잘 못하는 사람이 그렇게 담벼락에 멋지게 글을 써서 붙여요?"

"맞아요. 선배 말 잘하잖아요."

"라디오 녹음할 때 우리도 구경 갈래요."

뭐라고 대답할 겨를도 없이, 일선은 분위기에 몰려 구경꾼들까지 거느리고 왁자 아저씨 가게에서 라디오 방송을 하고 있는 자신을 상상했다.

그때 한쪽에서 말 없이 듣고 있던 동화가 뚜벅뚜벅 다가왔다. 평소 말수가 적은 동화가 주뼛거리며 다가오자 모두 무슨 말을 할까 싶어서 동화의 입만 바라봤다.

"실은 전부터 말하고 싶었는데요…. 우리도 라디오 해요."

이게 무슨 말인가? 다들 감을 잡지 못하고 어리둥절한 표정으로 눈동자만 굴렸다. 동화가 머리를 긁으며 털어놨다.

"저, 나중에 라디오 피디가 되는 게 꿈이거든요. 지난번 선배한테 마을 라디오 이야기를 듣고 관심이 많이 갔어요. 왁자 아저씨 라디오 프로그램도 들어 봤고요. 실은… 몇 달 전부터 혼자 팟캐스트도 하고 있어요. 라디오 하는 거 그렇게 어렵지 않아요."

아이들이 여전히 얼떨떨한 표정으로 자신을 바라보자 동화가 다시 힘을 내어 말했다.

"문사철인 사람들이랑 같이, 멋진 프로그램 만들고 싶어요."

동화 목소리가 어찌나 절절하고 부들부들 떨리는지 외국인이 들으면 프로포즈라도 하는 줄 알 것 같았다.

'우리가? 라디오를? 어떻게?'

머리로는 그렇게 생각했지만 일선의 입술이 방긋 벌어졌다. 설

문 조사보다 훨씬 더 재미난 일들이 벌어질 것 같은 예감. 그새
우울하고 꿀꿀했던 기분이 사라졌다. 재미난 일은 복잡하고 힘든
사건을 불러오기도 한다. 하지만 일선은 기꺼이 그 시간을 헤쳐
갈 준비가 되어 있었다. 이 친구들과 함께라면 얼마든지.

민주주의의 반대말

여기는 와자 아저씨의 컴퓨터 수리점이자 〈석양의 와자〉 방송실 현장. 피우리중학교 대자보의 주인공 중학생 M양이 오늘의 특별 게스트다.

"… 그렇군요. 학교에서 탈당을 하라고 더 강요하지는 않았나요? 그렇다면 일선 학생은 이 싸움에서 결과적으로 절반은 잃고 절반은 얻은 건가요?"

"음…. 그렇게 말할 수도 있겠지요. 하지만 전 이익, 손해…. 이렇게 장부를 적듯이 따지고 싶지는 않아요. 제가 겪은 것, 느낀 것 그 자체가 소중하거든요."

"아, 이렇게 표현해도 될지 모르겠지만… 결과보다는 학교와 싸운 것 자체가 의미 있다는 말이군요?"

"그렇죠. 저를 비롯한 피우리중학교 친구들은 이렇게 말했어요. 학교에서 우리의 정치 활동, 집단행동을 금지하는 것은 잘못

된 거다. 학교는 청소년이 자유롭게 의사 표현을 할 권리를 보장
하라, 이렇게요. 하지만 학교는 제가 쓴 대자보를 떼고, 우리의
목소리를 무시했어요. 제가 처벌을 받았느냐 받지 않았느냐는 별
로 중요하지 않아요. 다만 제가 정말 잘못했다면 그것을 저에게
납득시키거나 대화를 하려는 노력이 필요했다고 생각해요. 하지
만 그런 건 하나도 없었어요. 학교는 그냥 상벌위원회가 열릴 것
이다, 징계가 결정됐다, 이런 식의 통보만 했어요. 전 자기보다
어리거나 약한 사람이 순응을 하지 않고 문제를 제기하면 당황하
고, 또 자존심이 상해서 이성을 잃는 거. 이런 게 꼰대의 모습이
라고 생각해요. 민주주의의 반대말은 꼰대예요."

"와! 대단하군요. 정치를 이렇게 파격적으로 정의하다니요. 문
사철인 학생들, 볼수록 멋지고, 나는 왜 이렇게 뜨겁게 살지 못하
나 싶어서 부끄럽기도 하고 그러네요. 아고, 더 이야기를 나누고
싶은데 이제 헤어져야 할 시간이 되었네요. 아쉬워요. 일선 학생,
마지막으로 피우리 마을 라디오 청취자들에게 하고 싶은 말이 있
나요?"

"네, 광고 하나만 할게요. 문사철인 친구들이랑 제가 인터넷으
로 청소년 라디오 방송을 시작할 계획이에요. 청소년의 눈으로
세상을 보고, 우리 목소리를 당당하게 내는 방송입니다. 저는 개
인적으로 라디오를 통해서 청소년 인권, 선거권, 지나친 학습 노
동 문제를 알리고 싶어요. 이번 일로 깨달은 것이 많거든요."

"포부가 대단하군요. 프로그램 제목도 알려 주세요. 관심 있는

분들이 찾아서 들으실 수 있도록요."

"네. 〈호모중딩스 라디오짱〉입니다."

"호모중딩스? 라디오짱?"

"네, 오스트랄로초딩스, 호모중딩스, 호모고딩스… 이렇게 진화하지요."

"하하하, 웃겨요. 그럼 난 호모직딩인가? 뭐지? 암튼 호모중딩스, 과연 어떻게 진화할는지…. 정말 기대가 큽니다."

Show must go on

"안녕하세요, 청취자 여러분."

아이돌 그룹처럼 발랄한 목소리의 10대들이 기운차게 인사를 한다. 아이들은 마이크 울렁증도 없는지, 커피콩당 한쪽에 모여 앉아 박수를 치고, 떠들고, 와자지껄 까불고 있다. 이렇게 문사철인의 역사적인 첫 인터넷 라디오 방송 녹음이 진행 중이다.

"라디오에서 참신하고 젊은 목소리가 나와서 마이 당황하셨쎄여~. 저희는 새로운 프로그램 〈호모중딩스 라디오짱〉을 이끌어 갈 집단 디제이 문사철인입니다. 저는 문사철인에서 미모와 예능을 맡고 있는 윤서고요."

끼 많고, 평소에도 자칭 타칭 '방송 체질'인 윤서의 첫인사를 시작으로 나머지 네 사람도 차례로 인사를 했다.

"저는 열네 살 깜찍 애교 재인."

"친절한 남, 준."

"차도남 수영!"

"두 살 많은 최고령 현서입니다."

소개를 하고 나서는 서로 낯간지러워서 한참을 낄낄거렸다.

"디제이들이 너무 많아서 정신 없으시죠? 저희가 대본이 있기는 한데요. 라디오가 처음이라 너무 들뜬 것 같아요. 히히히. 여름방학 시작에 맞추어 〈호모중딩스 라디오짱〉 첫 방송을 시작하겠습니다!"

"저기, 미안. 잠깐만요. 방금 현서 누나 목소리가 잘 안 들렸어요. 그리고 웃음소리가 자연스럽고 좋은데요. 탁자 때리고, 박수 치는 소리가 너무 커요. 조금만 주의해 주세요."

동화는 방송을 녹음하고 파일을 올리는 기술 피디 역할을 맡기로 했다.

"이 피디, 내 분량만 편집하는 거 아니지?"

수영이 예능 프로그램에서 주워들은 대로 농담을 했다. 구성 작가는 작가가 되고 싶다는 연수와 방송 진행은 죽어도 못 하겠다는 일선, 두 사람이 하기로 했다. 최소 일주일에 한 번 방송을 하고, 라디오가 익숙해지면 일주일에 두 번까지 해 볼 참이다. 일단 그냥 막 부딪쳐 보자는 콘셉트로, 학교 생활 이야기부터 좋아하는 음악, 영화 이야기까지 다양하게 하기로 했다.

지금은 다섯 명의 공동 디제이가 나와서 이야기하지만 한 명 한 명 프로그램을 독립해서 각각 따로 방송을 하는 게 최종 목표다. 각자 좋아하는 분야를 파고들 거다.

첫 방송부터 4회까지는 문사철인 축제 준비와 연결해서 정치 토크를 하기로 했다.

"민주주의는 겁나 불편해요. 시간도 많이 걸리고요."

수영은 얼마 전, 어머니를 따라 생협 총회에 다녀온 소감을 말했다. 생협은 생활협동조합의 준말이다. 수영네 어머니가 오랫동안 협동조합의 조합원으로 활동한 덕분에 수영은 주워들은 게 꽤 있었다.

"정말 불편해요. 답답하기도 하고요. 하지만 평등해요. 그건 참… 뭐랄까, 아름다워요. 협동조합이야말로 민주적인 조직이라고 알고 있어요. 조합원 누구나 1인 1표를 행사할 수 있대요. 나이도, 성별도, 부자도, 가난한 사람도 차별이 없지요."

"저도 총회 구경에 따라갔는데요. 아저씨는 한두 사람뿐이고 순 아줌마들뿐이었어요. 그래서 다 우리만 쳐다봤어요. 부끄러워서 죽는 줄 알았네."

총회에 같이 갔던 남준이 수영의 말을 자르고 한마디 하자 다들 웃음이 빵 터졌다.

수영은 "흠흠" 헛기침을 한 다음, 하던 말을 계속했다.

"총회는 민주주의의 절차를 아주 그냥, 제대로 지키더라고요. 발언권을 얻는 것부터 동의, 제청하는 것까지 어찌나 엄격하게 하는지 법정 같았어요. 심지어 발언하는 시간, 발언 순서까지도 공평하게 하려고 하는데, 저는 솔직히 지겹고 힘들어서 '저렇게까지 따져야 하나?' 싶었어요. 회의 진행하면서 '정관'이라는 조합의 법규 같은 것까지 뒤져가면서 규정에 맞는지 안 맞는지 따지기도 했어요. 그때 민주주의라는 게 비효율적이라는 생각까지 들더라고요. 대표가 결정해서 그냥 그대로 하면 안 되나, 뭐 하나 결정하고 바꾸는데 모든 사람의 의견을 하나하나 어떻게 다 듣고 가나… 싶었어요. 하지만 총회가 다 끝나고 나서 좀 놀랐어요. 의견이 달라서 치열하게 논쟁하던 분들이 있었거든요. 그런데 회의가 끝나고 나서는 다정하게 인사하고 이야기하는 거예요. 혼란스러웠어요. '입장이 다르고 의견이 다른데 어떻게 저렇게 다시 웃으면서 볼 수 있지? 아까는 서로 따지고 다투더니?' 싶었죠. 아, 그런데 저는 깨닫고 만 것입니다. 그들이 온화할 수 있는 이유를….".

수영은 진지하게 이야기하다가 갑자기 개그맨처럼 목소리를 싹 바꿨다.

"그건 제가 아까 말한 '불편하고, 비효율적이고, 느려 터진' 민주주의 때문이었어요. 각자가 생각하는 걸 공평하게 말하고, 정해진 규칙대로 공정하게 결정했기 때문에 결과를 받아들일 수 있는 거죠. 생각해 보면 우리는 모두 생각이 다르잖아요. 다를 수밖에 없고요. 원하는 것도 다 다르고요. 하지만 어떤 조직이든 결정을 내려야 해요. 저희가 본 건 생협 총회니까 생협이라는 조직이었는데요. 국가도 일종의 조직이잖아요. 국가도 뭔가를 결정하는 과정을 진짜 민주적으로 하면 사람들이 평화롭게 소통할 수 있지 않을까요? 위에서 일방적으로 결정한 걸 무조건 따르라고 하면 사람들이 동의를 할 수도 없고, 불만도 쌓일 거예요. 그래서 저희는 이렇게 보고서를 쓰려고 합니다. '민주주의는 번거롭고 비효율적이다. 대신 평등하고 평화롭다. 그래서 우리는 민주주의를 원한다.'라고요."

아이들은 수영이 하는 말에 집중했다. 텔레비전 쇼의 방청객처럼 모두가 "오⋯." 하며 놀라니 수영은 어깨를 으쓱했다.

어느새 정치 토크 분량이 다 차고 재인이 클로징 멘트를 읽기 시작했다.

"한나 아렌트라는 정치학자는 정치를 이렇게 정의했다고 합니다. '정치는 인간들의 소통, 언어를 통한 소통'이라고요. 그런 의미에서 〈호모중딩스 라디오짱〉도 정치하고, 소통하는 라디오가 되었으면 좋겠습니다."

곁에서 지켜보던 동화와 일선은 가슴이 뿌듯했다. 박수를 치는데 코끝이 찡했다.

"와, 끝났다!"

"녹음 잘 됐어?"

"아, 배고파⋯. 배에서 꼬르륵 소리가 나서 혼났네."

"첫 방송을 마친 기념, 사진, 사진!"

안 그래도 시끄럽고 정신없는데 현서가 휴대폰을 들고 설쳤다. 음료를 준비하던 영신 사장님이 얼른 달려왔다.

"내가 찍어 줄게. 현서도 가서 서."

바짝 얼굴을 붙인 일곱 명이, 서로 조금이라도 얼굴을 작게 나오게 하려고 꿈틀꿈틀 뒤로 물러났다.

"치이즈~ 할래? 김치이~ 할래?"

이래 놓고 영신 사장은 버튼을 막 눌렀다.

"에~ 뭐예요. 눈 감았어요."

다 같이 웃는다. 여기 있는 사람이 모두 행복하다.

일선은 생각한다.

'사람들과 같이, 앞으로도 행복할래.'

우리는 오늘도 쌩쌩하다

쉬는 시간, 상담실 앞 복도에서 만난 현서는 빨래를 짜듯이 활개를 쭉 펴고 뒤틀며 입이 찢어져라 하품을 해 댔다. 점심시간 전이었는데도 과학 선생님 목소리는 강력한 수면 효과를 발휘했다.

"아우, 날도 덥고 과학 선생님 수업은 너무 졸려. 너는 어때?"

일선은 눈을 초롱초롱 빛내며 까불었다.

"칫, 난 과학 시간 재미있기만 한데. 성찰 교실 때문에 수업을 못 듣는 게 아쉬울 뿐이다. 너, 그럼 나랑 바꿀래? 내가 수업 듣고 네가 '성찰'할래?"

"뭥미?"

현서가 기어코 주먹으로 일선의 머리에 알밤 먹이는 시늉을 하고 만다.

"으, 주먹을 부르는구만. 아무리 수업이 졸려도 그건 사양일세. 이 범생이…."

티격태격하긴 하지만 일선은 쉬는 시간마다 상담실로 찾아오는 현서가 고마울 따름이다.

"야, 근데 너 성찰 교실 중이라고 너무 쫄지 마. 네가 쪼그라드는 건 문사철인도 같이 쪼그라지는 거야."

터프하게 팔을 툭 치는 현서.

"징계를 내린다고 우리가 뭐 기죽나? 흥, 칫, 핏! 문사철인을 너무 쉽게 보시나 봐. 우리는 철인이라고, 철인. 철로 된 사람…."

'그래, 종일 벽만 보고 있는 건 우울한 일이지만 날 이렇게 웃게 하는 착한 친구도 있고. 그냥 즐기자, 이 상황을.'

일선은 이렇게 생각했다. 게다가 이따 진짜 재미있는 일이 있을 거다. 오늘 오후에 커피콩당 앞에서 기자회견을 할 예정이기 때문이다. 기자회견이 뭔지 몰랐던 일선에게 영신 사장은 "보도 자료를 돌려서 기자들을 모아 놓고 성명서를 읽거나 의견을 말하는 자리"라고 알려 줬다. 일선과 현서는 물론이고 문사철인도 같이 가기로 했다. 일선은 대표로 마이크를 잡고 발언도 할 거다. 문사철인은 깜짝 이벤트도 준비했다. 아직은 대외비. 아, 참. 민경 선생님도 가실 거다.

민경 선생님은 커피콩당 사정을 알게 된 후, 아이들보다 열심히 카페 일을 돕고 있다. 카페가 맞닥뜨린 소송에 대한 법적 대응 방법에 아낌없는 지원과 조언을 쏟고 있을 뿐 아니라 카페 매출을 올리는 데도 혁혁한 공을 세우는 중이다.

"선생님들, 퇴근길에 커피 한 잔? 오케이? 오케이!"

퇴근 전에는 교무실에 남아 있는 선생님들에게 한쪽 눈을 찡긋 찡긋하면서 커피 데이트를 신청했다.

"커피 사양하면 앙~대요."

개그맨의 유행어까지 따라하면서 애교를 발사했다.

"민경 선생님, 왜 저런대요. 저런 모습 처음이에요."

"글쎄요. 조증(躁症) 기간인가 보죠. 하하하."

민경 선생님은 본의 아니게 교무실에 큰 웃음을 선물했다.

카페 문턱이 닳게 들락거리고 늘 손님을 잔뜩 몰고 오는 민경 선생님에게, 영신 사장은 이렇게 고마움을 전했다.

"선생님, 축하드려요. '커피콩당 단골손님 명예의 전당'에 오르셨습니다. 짧은 기간 동안 커피콩당에 밀도 있게 방문해 주셔서 고맙습니다."

문사철인과 민경 선생님은 학교가 끝나자마자 미친 듯이 내달려 커피콩당에 도착했다. 한참 기자회견을 할 시간이었지만 다행인지 불행인지 기자는 딱 한 분만 오셔서 아직 시작은 하지 않은 상태였다. 문사철인도 기자회견을 위해 커피콩당 문 앞에 나란히 섰다.

결국 딱 한 명의 기자 앞에서 기자회견을 시작했다. 가장 먼저 사회자가 커피콩당의 사정을 설명한 다음, 오늘 기자회견을 하는 이유를 이야기했다. 이어서 여러 연대 단체에서 오신 분들이 마이크를 잡고 이야기를 했다. 지난 번 카페에서 만났던 곱창집 사장님도 걸걸한 목소리로 동네가 쩌렁쩌렁 울리게 말을 했다. 커피콩당의 강제 집행을 막아야 한다, 상가임대차보호법을 고쳐야 한다, 그리고 상대적 약자인 임차인들을 함께 살아갈 이웃이자 동반자로 봐야 한다는 등의 내용이 이어졌다. 그러고 나서 일선에게 마이크가 넘어왔다. 일선은 무지무지 떨려서 배가 아팠지만 꾹 참고 무슨 말을 할지만 생각하기로 했다. 먼저 문사철인을 소개하고, 왜 여기에 문사철인이 함께하게 되었는지 말했다.

"저는 커피콩당에서 음악을 듣고 맛있는 음료수를 마실 때 오아시스에 있는 것 같습니다. 사막 한가운데에 있는 오아시스요. 도시는 삭막하고 정이 없다는데, 전 이 카페가 있어서 사람들이 목을 축이고 살아간다는 느낌을 받았어요. 옛날 시골에서 우물가가 여성들에게 그런 역할을 했다죠? 사랑방처럼, 쉬어 가는 평상처럼, 우리 마을 사람들이 사랑하는 이곳을 그렇게 쉽게 삭제하지 마세요. 이미 이곳은 임차인, 임대인만의 것을 떠나서 피우리 사람들 것이 되었으니까요."

일선은 어질어질해서 자기가 무슨 말을 했는지 알 수 없었는데 다들 함성을 지르며 박수를 쳤다.

사회자는 마지막 순서를 소개했다.

"이곳 커피콩당 인근 중학교에 다니는 친구들이 오늘 기자회견을 위해 준비한 것이 있답니다."

문사철인 아이들이 쭈뼛거리며 앞으로 나왔다. 민경 선생님도

부끄러워하며 함께 나왔다. 제일 먼저 준석이 교복 뒷주머니에서
줄넘기를 꺼냈다.

"여러분, 쌩쌩이 아시죠? 줄넘기 2단 뛰기요. 그걸 스무 개씩,
네 명이 릴레이를 할 거랍니다. '강제 집행? 해 볼 테면 해 봐라.
우리가 막을 거다. 몸으로 막고, 신문지로 막고, 커피로 막아 주
마. 우리는 이렇게 쌩쌩하게 잘 산다.'라는 메시지를 전하는 퍼포
먼스라고 하네요."

키가 큰 준석이 쌩쌩이를 시작하자 기자가 흥미로운 듯 가까이
다가와 사진을 찍기 시작했다.

"하나, 둘, 셋, 넷, 다섯…."

준석이 공기를 가르며 쌩쌩이를 돌리자 모여 있던 사람들이 함
께 목청을 높여 숫자를 셌다. 준석이 한 번도 줄에 걸리지 않고
스무 개를 성공하자 박수가 터져 나왔다. 다음 순서인 현서가 바
짝 긴장했다.

현서가 잘 나가다가 열네 번째에서 발이 걸렸다. 지켜보던 사람
들이 텔레비전 예능 프로그램의 방청객처럼, "에~~~~"하고 실
망스런 목소리를 냈다. 하지만 현서는 당차게, "다시 도전!" 하고
외치더니 그 기세로 결국 스무 개를 성공했다. 현서까지 성공하자
분위기는 뜨겁게 달아올랐다. 진지하고 침통하기까지 했던 기자
회견장이 순식간에 초등학교 운동회 같은 분위기로 바뀌었다.

세 번째는 동준이 차례였다. 키가 작고 배가 동그랗게 나온 동
준은 옆에서 보니 대문자 'D' 자 같았다. 사람들은 말은 안 했지

만 동준이 성공을 할 수 있을까 걱정하는 눈치였다. 그러나 동준은 아주 날렵하게 줄을 휘휘 돌렸다. 어찌나 여유로운지 마음만 먹으면 한 번 뛰어 줄을 세 번까지도 돌릴 수 있을 것 같았다. 동준 역시 무난하게 성공!

마지막 주자는 민경 선생님이었다.

"전 중학생은 아닙니다만, 이 멋진 친구들의 선생님이자 문사철인 지도 교사로서 꼭 성공하겠습니다. 아자!"

누가 시키지도 않았는데 기세 좋게 외치더니 줄넘기를 쌩쌩 돌렸다. 처음에는 위태위태했는데 점점 리듬이 붙으면서 줄넘기 줄이 바닥에 착착 감기듯이 돌았다.

"열일곱, 열여덟, 열아홉, 스물!!!!!"

민경 선생님이 스무 개를 성공하자 문사철인은 물론 거기 있는 사람들 모두가 들떠서 어찌할 줄 몰라했다. 서로가 조금 더 안면이 있었다면 얼싸안을 기세였다. 골목을 지나가던 행인들도 무슨 영문인지는 몰랐지만 웃음에 전염된 듯 씩 웃고 지나갔다. 기자도 신이 나는 듯 씩 웃으며 연신 카메라 셔터를 눌렀다.

통쾌하게 웃는 사람들을 보며 일선은 코끝이 찡했다. 낱낱으로 흩어져 있던 사람들이 손에 손을 잡는다. 나란히 어깨를 겯는다. 내 일처럼 힘을 보탠다. 너의 아픔이 나의 아픔이 된다. 내가 네가 되고 네가 내가 된다. 너와 내가 우리가 된다. 거대한 두려움 앞에 다윗처럼 맞선다.

"연대…."

일선은 자신도 모르게 나지막이 읊조렸다.

귀가 밝은 현서가 알은체한다.

"뭐, 연대 가고 싶다고?"

새들도 둥지가 필요하다. 하물며, 커피콩당 여기 사람이 있다.

강제철거 중단하라!

-커피콩당을 사랑하는 주민대책위원회-

No STOP ■ Re-PLAY ▷

그로부터 며칠 뒤, 문사철인은 방학인데도 커피콩당에 모여 〈호모중딩스 라디오짱〉 녹음을 준비하고 있다. 준석이 줄넘기 동영상 이야기를 꺼냈다.

"동화가 유튜브에 우리 기자회견할 때 줄넘기 쌩쌩이한 영상 올린 거 봤어? 진짜 재미있더라."

"뭔데? 나도 보여 줘."

준석이 휴대폰으로 동영상을 보여 주자 모두 머리를 디밀고 화면을 들여다봤다. 커피콩당 기자회견 때 네 사람이 줄넘기를 한 영상이었다. 동화가 영상을 잘 편집해서 텔레비전 광고처럼 쌈박하게 만들었다. 〈해피Happy〉라는 팝을 배경 음악으로 깔고 재치 있는 자막도 넣었다.

"우리는 작고 어리고 힘이 약하지만 혼자가 아닙니다. 이렇게 쌩쌩하게, 팔팔하게 잘 삽니다."

"와! 동화 대단하다."

"정말 장난 아니다, 너."

동영상을 본 아이들은 입을 헤벌리고 박수를 짝짝 쳤다. 동화는 준석이 이름을 불렀을 때부터 볼이 벌게지더니 지금은 아예 고구마 색이 되었다.

"재미있는 건 뭔지 알아? 사람들이 이 영상을 공유하기 시작하더니, 이제는 아예 쌩쌩이 릴레이를 이어 붙이기 시작했어."

준석이 페친 중 한 사람인 50대 아저씨는 쌩쌩이 영상을 보고 감동했다면서 동료들과 함께 쌩쌩이 돌리는 장면을 카메라로 찍어 보냈다. 결코 가볍지 않은 몸으로 간신히 한 번 성공한 다음 박장대소하는 모습이 애처롭기까지 했다. 뒤이어 쌩쌩이를 이어받은 분은 줄에 발이 걸려 넘어지기까지 했다. 그래도 영상 속 사람들은 허리를 못 펼 정도로 껄껄 웃으며 즐거워했다. 그 아저씨들은 해고 노동자라고 했다. 7년째 문을 닫은 공장 앞에 천막을 치고 동료들과 농성 중이라고 한다. 그들은 원래 기타를 만드는 노동자였는데, 그 공장의 사장은 자신의 공장에 노동조합이 생기는 게 끔찍한 일이라고 생각했다고 한다. 그래서 노동자들이 노동조합을 만들려 하자 잘 운영되던 공장을 하루아침에 닫아 버리고, 인건비가 저렴한 동남아시아로 옮겼다고 했다. 겉으로는 기타 공장 경영 상황이 너무 좋지 않아서라고 거짓말을 하면서 말이다. 공장에서 일하던 100여 명의 노동자는 그날로 모두 실업자가 되었다. 법원은 경영이 악화되었다는 기타 공장 사장의 말은 거짓이고, 따라서 공장을 폐쇄한 것은 부당 해고라고 판결을 내렸지만 길거리로 쫓겨난 노동자들의 목소리를 들어주는 곳은 아무 데도 없었다. 다시 공장을 돌리라고, 평생 해 온 대로 다시 기타를 만들고 싶다고 외쳤지만 돌아갈 곳이 없다고 했다.

"우리도 학생들처럼 쌩쌩하게 살겠습니다. 덕분에 오랜만에 동료들과 정말 크게 웃었습니다. 고맙습니다."

아이들은 아빠보다 연세가 많은 아저씨들이 낑낑거리면서 쌩쌩이를 하고 자신들과 마음을 이어 주어 고맙기도 하고 울컥하기도 했다. 아무 말 없이 듣고 있던 일선의 얼굴에 생기가 돌았다. 그때 아이들이 말했다.

"저, 일선 언니, 그동안 많이 힘들었죠. 상벌위원회가 열리고, 성찰 교실도 하고…. 근데 저 언니 보고 정말 많이 생각하고 배웠어요."

"선배, 저도 그래요."

"징계를 받긴 했지만 그렇다고 선배가 한 일이 헛된 건 아닌 것 같아요."

현서는 닭살이 오르는 것을 벅벅 긁으면서, 이렇게 낯간지러운 말을 아무렇지도 않게 하는 걸 보면 문사철인은 범생이들의 아지트가 틀림없다고 생각했다. 그러고 나서 자신도 말을 보탰다.

"맞아, 네 대자보는 우리한테도 엄청나게 철학적이고, 뭐랄까 인권적인 질문을 던졌어. 그렇게 담 크게 일을 저지른 네가 요 며칠 징계를 받았다고 영혼까지 빨린 듯 좀비처럼 죽상을 하고 있는데… 그건 좀 아니더라."

일선은 현서가 툭툭 던진 말에 가슴이 뜨끔했다.

'그랬나? 내가 그렇게 힘들고 우울했던 게 징계 때문이었나? 그래, 난 징계나 피하자고 그렇게 내지른 게 아니었잖아. 내가 옳다고 생각하는 것을 지키려고, 그것을 확인하고 싶었던 거야. 그래, 난 중요한 걸 잊고 있었어.'

현서는 일선에게 쐐기를 박듯이 한마디를 더했다.

"차일선, 설마 이게 끝이라고 생각하는 건 아니지? 너의 대자보에, 학교는 아직 응답하지 않았잖아. 응답할 때까지 계속 두들겨야지. 안 그래? 우리는 이제 시작인데?"

일선은 다리를 꼰 채로 삐딱하게 걸터앉은 현서를 동그란 눈으로 올려다봤다.

"끝이 아닌 시작?"

작가의 말

아무래도 '정치'라는 말은 낯설고 거리감이 느껴집니다. 저도 그랬어요. 선거를 앞두고 내가 지지하는 정당이나 후보에 관한 이야기를 하면 사람들은 "정치에 관심이 많은가 봐."라며 낯선 눈길로 바라봤습니다. "아주 정치인 다 됐네.", "정치인이야."라 며 웃기도 했는데 왠지 이 웃음이 놀리는 것처럼 느껴졌어요. 실 제 '정치인'인 분들에게는 몹시 죄송스럽긴 하지만, '정치인 같 다'라는 말에 기분이 상했거든요. '정치하는 사람'이라고 하면 야 비하고 자기 이득만 챙기는 비열한 악당의 이미지가 떠올라서요.

우리는 정치에 대해 종종 이중적인 태도를 취합니다. 정치에 대한 촌평과 불만은 무수하게 날리면서도 '정치를 하는' 사람으 로 비치는 것은 혐오합니다. 정치적인 행동을 하는 걸 아주 꺼리 죠. 집 앞에 개똥이 널려 있으면 더럽다고 화를 내면서 내 손으로 개똥을 줍기는 싫은 그런 마음이랄까요. (비유가 위생적이지 않아

죄송.) 사람들이 정치를 대하는 대표적인 방식이 이처럼 훈수는 두지만 직접 나서지 않는 방관자적인 태도입니다.

또 다른 한 가지는 지나친 겸손을 가장한 물러서기입니다. 쉽게 말해서 "나는 정치를 잘 몰라서…"라며 한발을 빼는 전략입니다. 여러분도 알다시피 정치는 잘 아는 사람들만 이야기할 권리가 있는 게 아닌데도 말입니다.

저는 사람들이 정치를 겁내고 꺼리고 두려워하는 것이 누군가가 몹시 바라는 일이라고 생각합니다. 대부분의 사람들이 정치에 무지하거나 혹은 스스로를 그렇게 생각해서 정치적 권리를 쉽게 포기한다면 누구에게 이로울까요? 그건 바로 정치권력을 잡은 사람들 아닐까요? 민주주의 사회의 통치자와 통치 기구는 사실 공동체 구성원들에게 권한을 위임받은 것에 불과합니다. 구성원 한 명 한 명의 의사 결정 권한을 편의상 몇몇 사람이 대신 행사하도록, 그들을 대리자로 세운 것에 불과하지요. 그런데 그들은 막상 정치권력을 잡으면 그 사실을 까맣게 잊어버리고, 왕정 시대나 군주 시대의 왕처럼 자신들이 국민 위에 군림한다고 착각하는 것 같습니다. 이게 국민을 욱하게 만들지요. 제가 감히 정치 책을, 그것도 청소년을 위한 정치 책을 쓴 건 딸 할이 그 욱하는 마음 때문이었던 것 같습니다.

이 책의 원고를 다 써서 보낸 후 다른 출판사 분들과 회의를 하던 날, 그날이 2014년 4월 16일입니다. 세월호 참사가 있던 날이지요. 저에게도, 여러분에게도 세월호 참사 전과 후는 절대 같을 수 없을 거예요. 잘못된 정치를 그대로 두면, 정치를 방관하면 얼마나 비참해질 수 있는지 세월호 참사만큼 잘 보여 주는 사례도 없을 듯합니다. 우리는 세월호 참사가 주는 교훈을 놓치면 안 됩니다.

중학생 일선이는 정치의 많은 이미지들을 만나고 스치고 때로는 통과합니다. 제가 실제로 겪은 일, 만난 사람들의 이야기가 이 사건들 속에 녹아 있답니다. 세월호 참사에 비하면 일선이가 겪은 일은 일상적이고 중대하지 않은 일처럼 보일 수 있습니다. 그러나 일상 속에서 나의 인권을 지키는 것, 민주주의에 반하는 것들이 가시처럼 불편하고 잘못되었다고 느끼는 것은 아주아주 중요합니다. 물리적 폭력도 무섭지만 우리를 지배하고 억압하고 통제하는, 보이지 않는 권력은 더욱 무섭습니다. 그 투명한 힘은 우리에게 늘 "가만히 있어!"라고 말하기 때문입니다.

원고를 쓰는 내내 격려와 응원을 소나기처럼 퍼부어 준 서유미 편집자와 다른 출판사 여러분, 고맙습니다.

소설에서 '일선'이라는 느낌 있는 이름을 쓰도록 허락해 주신 희순 언니 어머니 '윤일선' 여사님께도 감사드립니다. 인터뷰를 해 주고, 설문지에 응답해 준 친구들과 친구의 친구인 얼굴 모르는 분들에게도 감사합니다.

일선이, 현서, 영신 사장, 그리고 그밖의 여러 인물들 속에 녹아 있는 방화동 사람들, 방화동 주민뿐 아니라 방화동에서 맺은 수많은 인연들 고맙습니다. 〈너의 신념은 뭐야〉로 영감을 준 싱어

송라이터 모리슨 호텔 님, 고맙습니다.

마지막으로 이 모든 인연들을 씨실 날실처럼 엮어 준 소중한 공간 '카페 그'도 고맙습니다. '카페 그'가 없었다면 이 책은 쓰지 못했을 겁니다.

2014년 10월
임정은

참고 자료

단행본

- 고성국,《10대와 통하는 정치학》, 철수와영희, 2007.
- 공현 외,《인권, 교문을 넘다》, 한겨레에듀, 2011.
- 권재원 · 구민정 엮음,《민주주의를 만든 생각들 : 고대 편》,
  휴머니스트, 2011.
- 권재원 · 구민정 엮음,《민주주의를 만든 생각들 : 근현대 편》,
  휴머니스트, 2011.
- 김상범 외,《속지 않는 국민이 거짓 없는 대통령을 만든다》,
  위즈덤하우스, 2012.
- 김서윤,《사회는 쉽다! 1 : 왕, 총리, 대통령 중 누가 가장 높을까?》,
  비룡소, 2012.
- 김외현 외,《서른, 정치를 공부할 시간》, 쌤앤파커스, 2012.
- 김창규 외,《내가 만일 대통령이라면》, 느티나무아래, 2010.
- 김해원,《열일곱 살의 털》, 사계절, 2008.
- 노엄 촘스키, 이정아 옮김,《촘스키의 아나키즘》, 해토, 2007.
- 리처드 H. 탈러 · 카스 R. 선스타인, 안진환 옮김,《넛지》, 리더스북,
  2009.
- 마쓰모토 하지메, 김경원 옮김,《가난뱅이의 역습》, 이루, 2009.
- 마이클 샌델, 이창신 옮김,《정의란 무엇인가》, 김영사, 2010.

- 미하이 칙센트미하이, 최인수 옮김,《몰입》, 한울림, 2004.
- 민경우,《진보의 재구성》, 시대의창, 2009.
- 바바라 A. 루이스, 정연진 옮김,《10대, 세상을 디자인하다》, 소금창고, 2013.
- 박원순 · 오연호,《정치의 즐거움》, 오마이북, 2013.
- 안성재,《노자, 정치를 깨우다》, 어문학사, 2012.
- 양규헌,《안녕! 사회주의》, 메이데이, 2009.
- 에이프릴 카터, 조효제 옮김,《직접행동》, 교양인, 2007.
- 유아사 마코토, 김은진 옮김,《덤벼라, 빈곤》, 갈대상자(찰리북), 2010.
- 유아사 마코토, 이성재 옮김,《빈곤에 맞서다》, 검둥소, 2009.
- 윤지형 외,《이것은 교육이 아니다》, 교육공동체 벗, 2013.
- 이경주,《세상을 바꾼 인권》, 다른, 2012.
- 이남곡,《논어, 사람을 사랑하는 기술》, 휴, 2012.
- 이은재,《잘못 뽑은 반장》, 주니어김영사, 2009.
- 정경섭,《민중의 집》, 레디앙, 2012.
- 조효제,《인권의 문법》, 후마니타스, 2007.
- 크리스티네 슐츠-라이스 · 한대희, 신홍민 옮김,《청소년 정치 수첩》, 양철북, 2008.
- 파트리스 파바로 · 필리프 고다르, 김혜영 옮김,《책상 위로 올라간 정치》, 우리교육, 2013.
- 폴 킹스노스, 김정아 옮김,《세계화와 싸운다》, 창비, 2004.
- 하승우 · 유해정,《도시생활자의 정치백서》, 북하우스, 2010.
- 하워드 진, 문강형준 옮김,《권력을 이긴 사람들》, 난장, 2008.
- 하워드 진, 이재원 옮김,《하워드 진, 역사의 힘》, 예담, 2009.
- 홍명진,《우주비행》, 사계절, 2012.

자료집

- 민주통합당 장하나 의원실 외, 〈유권자 투표권 사각지대 해소를 위한 제도개선방안 토론회 : 청년·노동자에게 투표할 수 있는 권리를!〉, 2012.
- 청소년 사랑실천을 위한 의원 포럼, 〈선거연령 하향조정, 어떻게 볼 것인가 : 청소년 선거권 토론회 자료집〉, 2004.

정기간행물

- 교육공동체 벗, 〈오늘의 교육〉, 19호, 2014년 3·4월호.
- 노동당, 〈미래에서 온 편지(노동당 기관지)〉, 창간준비호, 2013년 7월.
- 노동당, 〈미래에서 온 편지(노동당 기관지)〉, 창간호, 2013년 9월.
- 삶창, 〈삶이 보이는 창〉, 96호, 2014년 1·2월호.

웹사이트

- 법제처 국가법령정보센터 http://www.law.go.kr
- 한국매니페스토실천본부 http://www.manifesto.or.kr
- 박세호 감독 다큐멘터리 〈거대한 대화〉 관련 기사
  ("영화로 만나는 한국 정치학 개론", 헤럴드경제, 2012년 12월 7일)
  http://news.heraldcorp.com/view.php?ud=20121207000201&md=2012
  1210003516_AN
- 마키아벨리 《군주론》 리뷰(predator님 블로그)
  http://blog.naver.com/2531163/140177148349
- 청소년인권행동 아수나로 카페 http://cafe.naver.com/asunaro.cafe

- 녹색당 홈페이지 http://www.kgreens.org
- 월간 COFFEE 홈페이지 http://www.coffeero.com
- 미국 커피 파티 홈페이지 http://www.coffeepartyusa.com
- 한국 커피당 카페 http://cafe.daum.net/coffeepartykorea
- 동물자유연대 홈페이지 http://www.animals.or.kr
- "아파트 경비원 최저임금 적용, 2015년으로 유예", MBN 뉴스, 2011년 11월 8일 방송.
  http://tvpot.daum.net/clip/ClipView.do?clipid=37044695
- 지식채널e, 〈최저임금〉 편, 2011년 5월 9일 방송.
  http://ebs.daum.net/knowledge/episode/1146
- 위키백과 '정치' 항목 http://ko.wikipedia.org/wiki/정치
- "독일 초·중등 3500명 학생파업", 울산저널i, 2013년 12월 18일 기사. http://www.usjournal.kr/News/24772
- 청소년의 정치적 기본권 '내놔라' 운동본부 공식 페이스북
  https://www.facebook.com/naenoara

우린 이렇게 읽었어

바쁘게 사는 우리는 정치에서 소외된 채 살고 있다. 하지만 사람들의 의식이 바뀌어서 정치에 적극적으로 참여하고, 우리 목소리가 정책에 제대로 반영된다면 세상이 많이 달라지지 않을까? 이 책은 공부하기에 바빠 정치에 관심이 없던 우리 청소년들과 먹고살기에도 벅찬 어른들에게 정치에 대한 열정을 되살려 주고 앞으로 우리가 나아가야 할 현명한 방향을 제시해 준다.

상주중학교 3학년 윤주해

정치는 분명 어렵고 귀찮은 일이다. 그래서 우리는 우리의 주권을 지킬 수 있는 대표에게 잠시 우리의 주권을 넘겨 준다. 이것이 민주주의다. 대표자들은 우리의 권리를 지켜 주기 위해 최선을 다할 의무가 있다. 만약 대표가 그 일을 성실하게 하지 않는다면 우리는 그들의 잘못을 지적하고 고치려고 노력해야 할 의무가 있다. 사람들이 정치에 무감각해진 요즘, 이 책은 청소년들이 가진 정치에 대한 인식을 바꿔 주는 중요한 도구가 될 것 같다.

철산중학교 2학년 오경택

이 책은 어렵고 복잡한 정치에 관한 이야기지만 전혀 지루하지 않고 재미있다. 특히 주인공 일선과 친구들이 힘을 합쳐서 라디오를 녹음하는 장면이 인상 깊었다. 서로 도우면서 협동하는 모습이 정다워 보였다. 일선이가 용기를 내어 정의롭게 학교와 싸운 건 참 대단하다고 생각한다. 학생들이 정치에 참여하는 모습이 무척 멋진데, 그와 반대로 정치에 참여하는 걸 좋지 않게 보는 학생들이 있어서 안타까웠다. 학생들이 정치를 긍정적으로 받아들이면 좋겠다.

방원중학교 1학년 권나영

나는 이 책에 나오는 문사철인 동아리가 너무 맘에 든다. 만약 우리 학교에도 이런 동아리가 있다면 당장 가입했을 텐데…. 나는 정치는 잘 모르지만 정치를 중요하게 생각하고, 정치가 잘되면 우리가 행복해질 거라는 건 확실히 안다. 특히 재건축 문제는 정치와 깊은 관계가 있다고 생각한다.

이 책에 나오는 카페 '커피콩당' 문제는 우리 가족이 실제로 겪었던 일이라 더 그렇다. 우리 아빠, 엄마가 카페를 하다가 재건축 문제로 쫓겨나기 직전의 기억이 생생하다. 엄마는 눈빛에 영혼이 없었고, 아빠는 매일 조금씩 죽어가는 것 같았다. 나는 그 건물주를 지금도 많이 증오하고 있다.

이런 문제는 거의 돈 때문에 생겨나는 것 같다. 법을 만들 때도 국회의원들이 건물주 편을 들어서 돈 욕심이 우러나는 법을 만드는 것 같다. 하지만 모든 법을 만들 때는 힘없는 사람을 보호하고 존중해야 한다. 법 위에 사람이 있고, 돈 위에 사람이 있다. 이 책은 그런 안타까운 내 마음을 시원하게 확 뚫어 줬다.

주인공 일선과 현서에게 쫄지 말고 파이팅을 하라고 외치며, 나도 세월호 문제가 해결될 때까지 교복에 노란 리

본을 달고 다닐 것이다. 또 학생 인권의 자유를 누리기 위해 머리를 길게 하고 다닐 것이다. 난 이 책을 모든 국민이 읽어 봤으면 좋겠다. 내 친구, 할아버지, 옆집 아주머니에게도 권하고 싶다. 또 이런 책이 더 많아졌으면 좋겠다. 나는 이 책을 우유를 마시며 항상 질리지 않고 계속 볼 자신이 있다. 적어도 세월호 참사와 재건축 문제가 해결될 그날까지!

저동중학교 1학년 권영우

김치도 꽁치도 아닌 정치

교과서에 갇힌 정치 끌어내는 좌충우돌 설문 조사 프로젝트

초판 1쇄 2014년 10월 9일
초판 7쇄 2020년 7월 20일

지은이 임정은

펴낸이 김한청
기획·편집 원경은 이한경 박윤아 이건진 차언조
마케팅 최원준 최지애 설채린
디자인 이성아

펴낸곳 도서출판 다른
출판등록 2004년 9월 2일 제2013-000194호
주소 서울시 마포구 동교로27길 3-12 N빌딩 2층
전화 02-3143-6478 팩스 02-3143-6479 이메일 khc15968@hanmail.net
블로그 blog.naver.com/darun_pub 페이스북 /darunpublishers

ISBN 979-11-5633-030-1 43340